Orizons

Daniel Cohen éditeur
www.editionsorizons.fr

La main d'Athéna/Philosophie
Collection dirigée par Jad Hatem

Partout où l'on annonce à grands cris la fin de la métaphysique et là même où l'on croit pouvoir enterrer en silence la libre pensée, c'est l'homme en la totalité de son être et en sa dimension de transcendance qui est en péril. Rien, d'une certaine manière, n'est plus vulnérable qu'elle car elle est tout l'homme. Elle s'expose à la déchéance car la liberté est son essence.

Insulté par Agamemnon, Achille est sur le point de s'emporter et de tuer son rival quand Athéna, venue l'apaiser, se place derrière lui et le retient par la chevelure. Il se retourne et la reconnaît seulement pour lui. La main qui guérit la passion est en même temps la main qui dessille les yeux. Par la conversion qu'elle opère, la sagesse est vision de l'invisible. « Nous sommes tous », dit Plotin, « comme une tête à plusieurs visages tournés vers le dehors, tandis qu'elle se termine vers le dedans par un sommet unique. Si l'on pouvait se retourner ou si l'on avait la chance d'avoir les cheveux tirés par Athéna, on verrait à la fois Dieu, soi-même et l'être universel ».

ISBN : 979-10-309-0162-7

Schelling et Proust
Recherches sur le mal

Dans la même collection

Monique Lise Cohen, *Récit des jours et veille du livre*, Orizons, 2008
Jad Hatem, *La poésie de l'extase amoureuse, Shakespeare et Louise Labé*, Orizons, 2008

Jad Hatem, *L'art comme autobiographie de la subjectivité absolue, Schelling, Balzac, Henry*, Orizons, 2009

Monique Lise Cohen, *Emmanuel Lévinas et Henri Meschonnic, résonnances prophétiques*, Orizons, 2011
Riccardo Di Giuseppe, *Le Voyage de Parménide*, Orizons, 2011
Jad Hatem, *Rupture d'identité et roman familial*, Orizons, 2011

Jad Hatem, *Barbey d'Aurevilly et Schelling*, Orizons, 2013
Jad Hatem, *Liberté humaine et divine ironie. Schelling avec Luther*, Orizons, 2013
Paul Saadé, *La demeure du Don*, Orizons, 2013
Gianfranco Stroppini de Focara, *D'Alexandre à Jésus*, Orizons, 2013

Bernard Forthomme, *Une logique de la folie*, Orizons, 2014
Jad Hatem, *Le Vin éternel — Sur Ibn Al-Fâriḍ*, Orizons, 2014
Jad Hatem, *Un bruit d'avoir été. Sur Qohélet*, Orizons, 2014
Laurent Millischer, *Heidegger ou la détresse du monde*, Orizons, 2014
Roland Vaschalde, *À l'Orient de Michel Henry*, Orizons, 2014

Nicole Hatem, *Raïssa Maritain ou le courage philosophique*, Orizons, 2015
Jad Hatem, *Messianités — Kafka, Kazantzaki, Böll, Tournier, Kemal*, Orizons, 2015
Jad Hatem, *Empédocle, Qohélet, Bar Hebraeus*, Orizons, 2015

Marek Cieślik, *John Henry Newman — Éléments de théologie du dialogue —* La vie pour l'action, Orizons, 2016
Jad Hatem, *Le Christ druze et l'Inde éternelle*, Orizons, 2016
Roland Vaschalde, *Épreuve de soi et vérité du monde : depuis Michel Henry*, Orizons, 2016

Charbel El Amm, *Le Néant et Dieu*, Orizons, 2017
Jihad Maalouf, *La santé qui vient, une approche heideggerienne*, Orizons, 2017
Grégoire Quevreux, *Le cri de Job, Essai d'interprétation de* l'Expositio Super Iob Ad Litteram *de Saint Thomas d'Aquin*, Orizons, 2017

Jad Hatem

Schelling et Proust
Recherches sur le mal

Orizons
2018

Du même auteur (sélection)

La Genèse du monde fantastique en littérature, Bucarest, Zeta Books, 2008.
Mal et transfiguration, Paris, Cariscript, 1987.
L'Inversion du maître et du serviteur, Paris, L'Harmattan, 2001.
Marx, philosophe de l'intersubjectivité, Paris, L'Harmattan, 2002.
Semer le Messie selon Fondane poète, Bruxelles, La Part de l'œil, 2004.
Le Sauveur et les viscères de l'être. Sur le gnosticisme et Michel Henry, Paris, L'Harmattan, 2004.
Christ et intersubjectivité chez Marcel, Stein, Wojtyla et Henry, Paris, L'Harmattan, 2004.
Éléments de théologie politique, Paris, L'Harmattan, 2005.
Marx, philosophe du mal, Paris, L'Harmattan, 2006.
Charité de l'infinitésimal. Variations leibniziennes, Paris, L'Harmattan, 2007.
Les Trois Néphites, le Bodhisattva et le Mahdî ou l'ajournement de la béatitude comme acte messianique, Paris, Éditions du Cygne, 2007.
Les Agonies du Christ, Paris, Éditions du Cygne, 2010.
Messianités. Kafka, Kazantzaki, Tournier, Böll, Kemal, Paris, Orizons, 2015.
Jésus au désert : épreuve et tentation, Paris, Éditions du Cygne, 2015.

« Je pensais que maintenant la rencontre serait différente et que le dieu du mal me tuerait » (*Le Temps retrouvé*).

À Luc Fraisse

Abréviations

PROUST

I, II, III, IV

À la Recherche du temps perdu, Paris, Gallimard, Bibl. de la Pléiade, 1987-1989.

JS

Jean Santeuil [p. 179-898], précédé de *Les Plaisirs et les jours* [p. 1-178], Paris, Gallimard, Bibl. de la Pléiade, 1971.

SB

Contre Sainte-Beuve [p. 211-312] précédé de *Pastiches et mélanges* [p. 1-207] et suivi de *Essais et articles* [p. 313-677], Paris, Gallimard, Bibl. de la Pléiade, 1971.

SCHELLING

SW I-XIV

Schellings sämmtliche Werke, Stuttgart, Cotta, 1856-1861.

C

Stuttgarter Privatvorlesungen, SW VII, p. 203-259 (*Œuvres métaphysiques*, tr. J.-F. Courtine et E. Martineau, Paris, Gallimard, 1980). La pagination suivie est celle du texte allemand reproduite en marge de la traduction.

D

Denkmal der Schrift von den göttlichen Dingen, SW VIII, p. 395-512 (*Une autre querelle de l'athéisme. Schelling répond à Jacobi*, tr. P. Cerutti, Paris, Vrin, 2012).

L

Die Philosophischen Untersuchungen über das Wesen der menschlichen Freiheit und die damit zusammenhängenden Gegenstände, SW VII, p. 333-416 (tr. in *Œuvres métaphysiques*).

EP

Schelling, *Einleitung in die Philosophie*, Stuttgart-Bad Canstatt, Frommann, 1989 (*Introduction à la philosophie*, tr. M.-C. Challiol-Gillet & P. David, Paris, Vrin, 1996).

W

Die Weltalter (versions 1 & 2), Munich, Beck, 1946 (*Les Âges du monde,* tr. P. David, Paris, PUF, 1992).

WA

Die Weltalter (version 3), in SW VIII, p. 571-720 (*Les Âges du monde*, tr. P. Cerutti, Paris, Vrin).

Chapitre I

Le mal comme puissance et comme histoire

« … l'Esprit du Mal prendrait alors une autre forme » (*La Prisonnière*).

I. La racine commune du bien et du mal

La pensée simpliste établit un tel partage entre le bien et le mal qu'elle est disposée à ranger les êtres en deux catégories dont on ne franchit la frontière qu'avec difficulté à la suite d'une crise qui, en ébranlant l'individu jusqu'au tréfonds, provoque une conversion. De ce fait, prévaut le sentiment que celui qui n'est à votre endroit que bienveillance parce qu'il vous aime ne saurait vous vouloir du mal. Ce qui trahit une compréhension superficielle de la nature humaine — de laquelle Proust et Schelling ont su se dégager.

Un jour Swann reçoit une lettre anonyme disant « qu'Odette avait été la maîtresse d'innombrables hommes ». Il se prend à soupçonner plusieurs personnes de son entourage d'être les auteurs de cet « acte ignoble ». Il pense à M. de Charlus. Bien que sa nature lui parût « un peu d'un détraqué », elle était néanmoins « bonne et tendre » (I, p. 350), ce que le narrateur confirmera à son tour (III, p. 786 ; IV, p. 346). Nous n'aurions affaire qu'à un « faux méchant » (III, p. 820), syntagme qui ne manque pas de piquant. De surcroît, l'homme « l'aimait [lui Swann], avait bon cœur ». De quoi écarter de lui tout soupçon. Mais voici qu'il ajoute : « Mais c'était un névropathe, peut-être demain pleurerait-il de le savoir malade, et aujourd'hui par jalousie, par colère, sur quelque idée subite qui s'était emparée de lui, avait-il désiré lui faire du mal ». Jalousie et colère offrent motions et motifs. Mais s'il ne s'agit que de prétextes et que la cause est une réalité enfouie dans l'impénétrable ? Paradoxalement, c'est « l'idée subite » qui semble privée de motif. Une idée désenchaînée, qui ne suit pas les déductions du jaloux si hasardeuses soient-elles, mais qui émerge de la spontanéité de l'être, de la complexion d'une nature que tantôt Swann disait « foncièrement bonne et tendre », ce qui est confirmé par ailleurs (« Je me souvenais, note le narrateur, de la famille de M. de Charlus citant tant de traits de bonté admirables, de la part du baron » — II, p. 585) et que maintenant Swann juge tout autrement : « Au fond, cette race d'hommes est la pire de toutes » (I, p. 351). *Bien autrement*, ai-je dit. Mais pas tout autrement car être la pire des races n'implique pas qu'elle soit incapable d'aimer, cela signifie qu'elle est capable, sans crier gare, de se porter à des excès dans un sens comme dans l'autre. Machine qu'on peut qualifier en effet de détraquée, à condition d'admettre que la normalité trouve ses marques dans les parages des natures dévolues à une forme à l'exclusion de l'autre et tellement qu'elles paraissent puiser directement au bien pur ou au mal pur. Il y aurait ainsi une homogénéité entre une essence universelle et sa manifestation singulière en sorte que, pour subite qu'une idée maléfique apparaisse, elle ne laisserait pas d'être reconductible à une matière première sombre, de même qu'en parallèle, l'idée subite de bonne facture émanerait d'une matière première lumineuse. Or il n'en va pas ainsi, comme le montre l'examen du cas d'un autre suspect : « Certes, le prince des Laumes était bien loin d'aimer Swann autant que M. de Charlus. Mais à cause de cela même il n'avait pas avec lui les mêmes susceptibilités ; et puis c'était une nature froide sans doute, mais aussi incapable de vilenies que de grandes actions » (I, p. 351). On dira, en conformité avec l'Écriture, que notre homme est un tiède, de ceux que le Christ de la grande vision johannique vomira de sa bouche (Apocalypse 3:16) et qui finissent, comme dit Leconte de l'Isle, par vivre sans rêve ni dessein

> « Châtrés dès le berceau par le siècle assassin
> De toute passion vigoureuse et profonde »[1].

Mais cette tiédeur n'est pas unilatérale comme si l'on pouvait être ou sans inclination pour le bien ou sans inclination pour le mal — en sorte que leur éventuelle réunion serait due à un concours fortuit. Schelling interviendrait sur ce point en expliquant qu'il n'en va pas ainsi. Il professe en effet que « celui qui n'a point en soi l'étoffe ni l'énergie du mal, est également incapable du bien » (L, p. 400)[2]. Autrement dit, il y a une conna-

1. *Aux modernes*, v. 3-4. Le Christ des derniers temps ne se présente pas comme un simple agneau égorgé, mais aussi comme juge et vainqueur de l'Antéchrist.
2. La sentence offre comme un écho à une pensée de Pascal, évoquant un certain genre de mal qui exige « une grandeur extraordinaire d'âme pour y

turalité entre les deux indigences. Non pas nécessairement une action réciproque, mais une base commune que ne possède pas la *nature froide* et que, pour le moment, avec un Proust qui n'est que phénoménologue, nous appellerons le cœur.

Par exemple, à partir du passage suivant du *Côté de Guermantes* qui concerne également M. de Charlus : « Je me disais que les rapports, peu étudiés jusqu'ici, me semblait-il, entre la bonté et la méchanceté dans un même cœur, pour divers qu'ils puissent être, seraient intéressants à établir » (II, p. 585). Rapport que Schelling est à même d'élucider lorsqu'il parle d'une « racine commune » de la force de chaque passion et de la vertu qui lui correspond (L, p. 400-401), ce qui conduit à la formulation de la proposition dialectique : « Le mal et le bien sont le même envisagé simplement sous différents aspects, ou encore (…) le mal est en soi, c'est-à-dire dans la racine de son identité, le bien, de même que le bien est en revanche, envisagé en sa scission ou sa non-identité, le mal » (L, p. 400). Ce qui permet d'expliquer que l'être de nombreux personnages de Proust soit double ou triple (voir III, p. 840 ; IV, p. 267) — ce qu'on peut être simultanément ou alternativement comme Jekyll et Hyde (cf. SB, p. 420) : « l'ordre de superposition est renversé » (IV, p. 268).

Il est à noter que la copule dans la proposition *le bien est le mal* qui a valeur de fondation (le bien fonde la possibilité de l'être du mal) est dialectique. La formule développée, qu'on lit chez Thomas d'Aquin : *le bien est le sujet du mal*[3], conçoit celui-ci comme le parasite de celui-là dans la mesure où, comme l'avait enseigné saint Augustin, il en est la privation

arriver, aussi bien qu'au bien » (Br. 408). S'agit-il de l'athéisme, « marque de force d'esprit » (Br. 225) ?

3. *Somme contre les gentils*, III, 11. Voir saint Augustin, *Traité de la foi, de l'espérance et de la charité*, 14.

et n'est pas une substance (chose impossible dans le cadre du christianisme puisque Dieu aurait alors produit une chose essentiellement maléfique — ce qui contredirait et sa bonté et celle de la création attestée au chapitre premier de la Genèse : en opposition à Plotin, et en conformité avec Proclus, la matière ne saurait être le mal). Pour Schelling, toutefois, l'équation prend une valeur dynamique qu'elle n'a pas chez Thomas (chez qui la réversibilité n'est pas envisageable : le mal, pour lui, ne peut en aucun cas être le bien). C'est que le bien et le mal ne se configurent que l'un à travers l'autre (à travers, *contre* et non *tiré de* lui[4]) suivant l'axiome stipulant que « chaque essence (*Wesen*) ne peut se révéler qu'en son contraire » et fournissant l'exemple de la révélation de « l'amour dans la haine », de « l'unité dans le conflit » (L, p. 373) et même de l'entendement dans le sans entendement (C, p. 470). La précision de Heidegger n'est pas sans intérêt : « *Le bien est le mal* — non pas que cela serait du pareil au même, mais : (i) il le nie en lui-même sans l'écarter, (ii) et n'en a pas moins besoin du mal pour être le bien »[5]. Presque des compagnons de route, ce qui fait penser aux vers de Jaume Bosquet :

> « Le mal vient de très loin,
> De l'origine de la conscience,
> Bras dessus bras dessous avec le bien »[6].

4. Ce n'est donc pas le mal en soi qui devient le bien. Schelling est clair là-dessus : « La vertu ne procède pas du vice selon le concept et l'essence mais, suivant l'effectivité, du vice surmonté et mis à mort » (SW VIII, p. 174).
5. *Die Metaphysik des deutschen Idealismus (Schelling)*, Frankfurt am Main, Vittorio Klostermann, 1991, p. 99. Il est à noter que les *Recherches sur la liberté humaine* rompent explicitement (voir L, p. 353-354) avec la conception spinoziste du mal qui fut celle de Schelling, en 1804, dans son système de Würzburg (SW VI, p. 473-474). Pour la critique du mal comme privation de bien, voir L, 353 et C, p. 468.
6. *El mal*, in Jaume Bosquet *Transvasament*, Ed. Proa, Barcelona, 2013, p. 61.

Schelling est plus précis : « Une vertu dépourvue de toute volonté-du-propre (*Eigenwillen*) active est une vertu dépourvue de mérite. C'est pourquoi l'on peut dire que le bien inclut en soi le mal. Un bien qui n'a pas en soi un mal surmonté (überwundenes Böse*s*) n'est point un bien réel et vivant » (C, p. 467)[7].

II. Le mal est le bien

Le risque est grand que la proposition spéculative énonçant que le mal et le bien sont le même passe pour une formule paradoxale, sinon même immorale. Schelling en a pris acte : « On l'interprète, dit-il, comme la négation de la différence éternelle du juste et de l'injuste, de la vertu et du vice, comme si les choses revenaient logiquement au même » (L, p. 341 ; cf. p. 401). On est toutefois autorisé à supputer que Proust ne serait pas tombé dans ce travers car il a eu l'intuition de la justesse de la proposition. Par exemple, dans la sentence suivante : « Peut-être n'est-ce que dans des vies réellement vicieuses que le problème moral peut se poser avec toute sa force d'anxiété » (I, p. 548). On pourrait croire que *le réellement vicieux* évacue décisivement le problème moral au point qu'il ne se pose pas pour lui, à l'exemple de Don Juan tel que Kierkegaard en interprète le cas et qui, s'il est le premier-né du Venusberg, ce royaume de la sensualité, n'est pas le sujet de celui du péché du fait qu'il manque totalement de réflexion[8]. Et s'il y a de l'anxiété chez le séducteur de Séville, elle n'est pas de teneur morale puisque, dit son exégète danois, « elle est son

7. Surmontement, tel est le maître mot. « La lumière procède des ténèbres, mais des ténèbres surmontées » (SW VIII, p. 174).

8. *L'Alternative*, in *Œuvres complètes*, tr. Tisseau, III, Paris, Orante, 1970, p. 86-87.

énergie »[9]. Mais telle n'est pas l'opinion de Proust. *Le réellement vicieux*, à l'en croire, suscite le problème moral, non pas (ou seulement) chez l'observateur, mais dans la vie elle-même. Position qui appelle un examen de conscience, voire une résolution, ou sinon une exploitation. Ce à quoi précisément l'art s'emploie. Proust poursuit : « Et à ce problème l'artiste donne une solution non pas dans le plan de sa vie individuelle, mais de ce qui est pour lui sa vraie vie, une solution générale, littéraire. Comme les grands docteurs de l'Église commencèrent souvent tout en étant bons par connaître les péchés de tous les hommes, et en tirèrent leur sainteté personnelle, souvent les grands artistes tout en étant mauvais se servent de leurs vices pour arriver à concevoir la règle morale de tous » (I, p. 548). Ce qui revient à dire, d'abord, qu'en l'artiste l'homme en proie à lui-même n'entend pas changer de mode d'existence et se morfondre dans le remords tout en reconnaissant la gravité des fautes dont l'examen de conscience lui fait obligation d'assumer la responsabilité, et ensuite, que la prise en compte du mal vécu lui inspire une œuvre dans laquelle la description du mal et de ses effets a pour finalité de dégager le sens et la forme de la règle morale universelle. D'un côté, nous assistons à un transfert et à une transposition : « Ce sont les vices (…) du milieu où ils vivaient (…), les trahisons de leur femme ou leurs propres fautes, que les écrivains ont le plus souvent flétris dans leurs diatribes sans changer pour cela le train de leur ménage » (I, 548-549), et, de l'autre, à une relation fondationnelle dans la mesure où la proposition *le mal est le bien*, doit s'entendre non pas comme exprimant la pareilleté, l'équivalence ou l'énigme d'une coïncidence des opposés[10], mais la fondation du bien

9. *Ibid.*, p. 123.
10. La peut-on déduire du jugement que porte Proust sur *Les Fleurs du mal,* livre « où la débauche fait le signe de la croix ? » (SB, p. 618). Je ne le pense pas.

sur le mal[11]. Ce qui ne veut pas dire que le mal soit l'origine du bien suivant une causalité mécanique et contagionnelle. Schelling pourrait même rejeter l'équation *le mal est le bien* qu'on ne lit pas sous sa plume, bien qu'elle soit impliquée dans son axiome. Il lui préférerait une plus modeste, comme *le non-bien est le bien*, compte tenu de ce qu'il écrit par ailleurs, en 1812 : « La puissance est impensable sans quelque chose à l'égard de quoi elle est puissance. Le bien exige donc lui-même quelque chose contre quoi il puisse exercer sa puissance et qui est de ce fait nécessairement non pas le mal, mais — le non bien » (D, p. 75). C'est là un recul par rapport au *Traité sur la liberté* de 1809 et c'est oublier que le mal est une puissance !

Proust reconnaît certes que la destruction est susceptible de création et que le mal puisse être utilisé, mais ce ne sera pas pour le bien — à moins que, comme chez George Eliot, une sorte de providence supérieure ne s'en mêle (voir SB, p. 656-657). La logique de la destruction n'est valable que « dans le domaine de la matière et de la force », comme Proust le spécifie, et non « dans le monde de la Justice et de l'Amour » (SB, p. 366). Est, en revanche valable dans le domaine de la morale que le bien — dont la *Recherche* nous apprend que

En revanche, l'une des issues au dilemme de la conscience torturée se peut trouver dans l'identification du bien et du mal : « Hélas ! qu'est-ce donc que le bien et le mal ! Est-ce une même chose par laquelle nous témoignons avec rage notre impuissance, et la passion d'atteindre à l'infini par les moyens même les plus insensés ? Ou bien, sont-ce deux choses différentes ? Oui… que ce soit plutôt une même chose… car sinon que deviendrai-je au jour du jugement ? » (Lautréamont, *Les Chants de Maldoror*, I, strophe 6).

11. En termes théologiques, Satan serait instrumentalisé par Dieu, comme dans le *Faust* de Goethe : « Je n'ai jamais détesté tes pareils (…). L'activité de l'homme mollit trop aisément (…). C'est pourquoi je lui adjoins volontiers ce compagnon / Qui aiguillonne et stimule, et, en diable qu'il est, doit travailler » (v. 337, 339, 442-443). On peut également penser à cette parole puissante du personnage de Théodore de Bèze : « Et tout ainsi que tu fis tout de rien, / Ainsi fais-tu sortir du mal le bien » (*Abraham sacrifiant,* v. 59-60). Voir aussi le chapitre II.

nous en ignorons déplorablement la nature (III, p. 786) — ne se définit et ne s'actualise qu'en contraste et opposition au mal. Ceci dans l'art, mais aussi dans la vie. La règle morale que finit par produire (ou exposer) l'œuvre d'art repose sur deux strates du mal, le mal vécu et le mal représenté, celui-ci transposant celui-là dans l'élément de la fiction et la plastique de l'image. On pourra dire, en pastichant Schelling : celui qui n'a point en soi l'étoffe ni l'énergie du mal, est inapte à la création artistique et si cette dernière exhibe le bien, ce ne peut être qu'en exhibant le mal puisque, comme nous l'avons vu, ils ne se configurent que l'un à travers l'autre. Ce n'est donc pas sans raison qu'un personnage « croyait que de l'excès du mal le bien naîtrait peut-être plus durable » (JS, p. 616).

Le philosophe, pour sa part, apporte, comme il se doit, les précisions fondationnelles : d'une part, l'ipséité devient le mal seulement lorsqu'elle s'arrache à la volonté universelle : « C'est le fait de se détacher ainsi du bien qui constitue d'abord le péché » ; de l'autre, le bien consiste en la subordination de l'ipséité à la volonté universelle (L, p. 400-401). Plus précisément énoncé : le bien et le mal n'apparaissent que l'un *contre* l'autre. Le Verbe n'est-il pas proféré dans le monde « en opposition au mal » (L, p. 377) ?[12] Proust n'avance-t-il pas qu'il faut vaincre l'orgueil des orgueilleux « par l'amour plutôt que par un plus puissant orgueil ? » (IV, p. 184). De même que l'innocence n'est pas le bien, le mal n'est pas une matière, l'animalité ou un moindre bien ou une simple péripétie du cours de la vie mais une puissance suivant le mot de Saint-Martin (qui parvint à

12. Même logique en esthétique : « Là où le doux se rend maître du fort, c'est là que surgit la beauté la plus haute » (*Clara,* SW IX, p. 108) — à quoi correspond chez Proust la reconnaissance que la douceur a plus de prix chez les forts (JS, p. 605). Pour les théologiens : « Ce n'est que par l'amour que celui qui est porté à la colère devient véritablement Dieu » (WA, p. 311).

Schelling via Baader)[13]. Une puissance à dompter dans la vie même (et non plus seulement dans la transposition artistique qui laisse le mal vécu tel quel pour n'en décrire la défaite que dans une représentation). Cette éthique du combat fut celle de Proust exposée par lui dans le passage où il examine les fils de famille dont le comportement fut irréprochable. « Mais ce sont de pauvres esprits, descendants sans force de doctrinaires, et de qui la sagesse est négative et stérile » (II, p. 219). Stérile en bien parce que sa stérilité en mal ne lui a pas donné l'occasion d'une maîtrise, de ce genre de souveraineté qui ne s'enseigne pas, qui suppose l'expérience. On ne s'étonnera pas d'apprendre que le plus grand vice est le manque de volonté qui empêche de résister à aucun des vices (IV, p. 414). Paresse ou dilettantisme, c'est ce vice combiné que le narrateur doit éradiquer s'il lui faut entreprendre son œuvre. Ce qui ne se pourra pas sans l'énergie qui émerge du fond, sans l'affirmation de l'ipséité avec, comme conséquence, l'émergence d'un égoïsme altruiste, le seul fécond (IV, p. 613), bonne illustration de la sentence schellingienne sur la « racine commune » de la force de chaque passion et de la vertu qui lui correspond.

Proust poursuit : « On ne reçoit pas la sagesse, il faut la découvrir soi-même après un trajet que personne ne peut faire pour nous, ne peut nous épargner car elle est un point de vue sur les choses. Les vies que vous admirez, les attitudes que vous trouvez nobles n'ont pas été disposées par le père de famille ou par le précepteur, elles ont été précédées de débuts bien différents, ayant été influencées par ce qui régnait autour d'elles de mal ou de banalité. Elles représentent un combat et une victoire » (II, p. 219). Point d'ironie dans la confession du baron de Charlus que dans sa lutte contre le mal (ici la pulsion

13. La sentence servit d'épigraphe à l'article de Baader intitulé *Sur l'affirmation selon laquelle il ne peut y avoir de mauvais usage de la raison.*

homicide), il fut secouru par l'archange Michel (IV, p. 384). Proust évoque ailleurs la nécessaire lutte des justes « pour ne pas laisser périr la justice » (JS, p. 605).

On peut mesurer le progrès par rapport à *Jean Santeuil* où la conversion de la vertu au vice et inversement est dû à un dévoilement de « notre véritable nature » qui se fait avec l'âge. Certes, quand Proust évoque le repentir de Phèdre passée du crime à la sainteté (JS, p. 231), il n'en identifie pas le ressort de la transformation — s'il est dû à un mûrissement ou à une mutation polémique de l'être. C'est cette seconde hypothèse qu'il faut retenir lorsque, dans la *Recherche*, il fait d'Œnone « le nom de la pire partie » de Phèdre (IV, p. 43). Une lutte a donc eu lieu entre les deux parties de l'âme, un peu comme chez Platon, disons plutôt entre les deux tendances qui se la partagent pour ne pas laisser à croire que la pire partie se ramène au charnel.

Reste à savoir ce que Proust entend par l'affirmation que la sagesse est un point de vue sur les choses. Cela veut dire que les choses sont ce qu'elles sont dans leur brutité. Un fait est un fait et un comportement un comportement. C'est leur prise en compte dans une attitude et un jugement qui les ordonne à la sagesse ou à la contre-sagesse. Schelling argumente à ce sujet de la manière suivante. Cherchant à révoquer la théorie du mal comme privation de bien, et afin de ménager une place à l'idée cardinale d'un mal réel (quoique non substantiel), il distingue le positif qui est le tout (par rapport aux parties) ou l'unité (de la multiplicité) de son opposé, « la séparation et la disjonction du tout, la disharmonie, l'ataxie des forces » (L, p. 370). Il apparaît que la disharmonie n'est pas un moindre bien. Il est vrai qu'elle tient dans un rapport, mais n'est-ce pas le cas de l'harmonie ? Certes, mais qui se manifeste avec l'indice de la réalité fondée en droit[14].

La situation s'explique au moyen du terme d'*ataxie*, le désordre dont parle Platon[15], et qui, en médecine, spécifie la dysfonction des affections psychiques et physiologiques comme la perte de coordination entre les membres d'un organisme[16]. Or les membres sont substantiels ainsi que l'organisme. Ce dernier est de surcroît le positif de l'agencement, son principe agissant, puisqu'il est le tout et l'unité. Mais il suffit de désintégrer le tout pour obtenir le mal, de même que selon Schelling, la maladie résulte d'un désordre (*Unordnung*) dû au déplacement du principe irritable, du centre où il devrait demeurer, à la circonférence (L, p. 366). Encore et toujours une modification dans le rapport qui ne touche pas au contenu. Il en résulte que le mal et le bien se composent des mêmes ingrédients. Explication de Schelling : « Dans le tout disjoint, on retrouve les mêmes éléments qui étaient présents dans le tout en son unité ; l'élément matériel est le même dans les deux cas (et de ce point de vue le mal n'est pas plus limité ou pire que le bien), mais l'élément formel est complètement différent » (L, p. 370). C'est cette disparité dans la liaison des mêmes éléments du réel que nous rapprochons de la conviction proustienne que la sagesse est un point de vue sur les choses. Il y a toutefois à marquer une différence. Pour le philosophe, seul le tout est le positif, pour le romancier, ceci comme cela est fruit d'une position. Cela tient au fait que la pensée de Schelling est conjointement régie par

14. Le mal est pour cela visible, contrairement à ce que dit Julienne de Norwich dans un de ses *Showings* (le XXVIIe), qu'elle constata la souffrance comme effet du péché, mais ne vit pas ce dernier pour ce qu'il est dépourvu de substance et de la moindre parcelle d'être.

15. *Timée*, 30a cité par le jeune Schelling (*Le Timée de Platon*, tr. A. Michalewski, Villeneuve d'Ascq, Presses Universitaires du Septentrion, 2005, p. 44)

16. Le vocable n'est pas absent de la *Recherche* (III, p. 717).

une théologie de l'Un-Tout et une métaphysique de la volonté et de l'auto-affirmation de l'être alors que le romancier prend appui sur le dispositif de la représentation ; cela tient aussi à la grande souplesse qu'il montre dans le traitement de la matière et dans le jugement qu'il porte sur l'inversion tandis que Schelling envisage le mal non seulement à l'étape de la désintégration du tout[17], mais également à celle de la formation d'un tout adversé au bien. C'est ce tout pervers que Schelling appelle « la fausse unité » (L, p. 371) qui entend s'opposer universellement à la vraie unité. Et à ce titre, il est également l'éclosion d'une effectivité, un *positif* qu'il convient d'admettre au sein du mal (L 371). Si donc le désordre peut passer pour une privation de l'ordre et, à ce titre, ne mérite pas la qualité de *fait positif*, l'ordre contrefait gagne ce titre. Tout point de vue est un rapport, mais l'inverse n'est point vrai, surtout quand le fait est le fruit d'un acte.

Réciproquement, il est une relation fondationnelle du mal sur le bien, par exemple lorsque la séduction se fait passer perfidement pour de la bienveillance. Ainsi, M. de Charlus cherchant à circonvenir le narrateur : « Il y a longtemps que les gens du monde, lui dit-il, ont cessé de m'intéresser, je n'ai plus qu'une passion, chercher à racheter les fautes de ma vie en faisant profiter de ce que je sais une âme encore vierge et capable d'être enflammée par la vertu » (II, 587). Or c'est au vice que le personnage veut initier et s'il entend « vertu » dans son acception romaine de valeur *virile* de bravoure et de vaillance, ce que ne démentirait pas absolument le syntagme qui suit « d'héritage moral » dont il veut faire profiter le narrateur

17. Seul l'homme est susceptible de déchirer le lien entre les deux principes. C'est sans doute sous l'influence de Schelling que Gabriel Marcel, rejetant le mal comme privation de bien, opte pour la notion de « lésion » (*En chemin, vers quel éveil ?,* Paris, Seuil, 1971, p. 142).

et qui renvoie aux mœurs de la pédagogie pédérastique des Athéniens et des Spartiates avant de signifier la vertu ayant pour principe le bien lui-même éclairé par la lumière de la raison, alors il porte la ruse volontaire de l'idée intentionnelle à faire emploi de la ruse involontaire du vocabulaire (que la prise en compte de la temporalité charge d'ambiguïté) en vue de se ménager obliquement un lieu, dans l'esprit non encore prévenu, en faveur des amours *viriles*.

III. Le bien est le mal

Prendre plaisir à flétrir la pureté, quand bien même cela emprunterait la voie de la sexualité, relève du crime spirituel, d'une *Begeisterung* pour le mal, comme dit le philosophe (L, p. 372). C'est ainsi que le narrateur de la *Recherche* juge « immoral », « criminel » et « vicieux » le projet caressé par Morel de se faire aimer d'une jeune fille, de lui promettre le mariage, et de la dépuceler avant de l'abandonner (III, p. 396, 560). La dialectique du bien et du mal comprend dans l'un de ses plis le mésusage que le mal fait du bien pour arriver à ses fins. La scélératesse se fonde ici sur l'amour, non seulement parce qu'en parasite, elle doit s'ériger sur une assise ontique, mais du fait qu'elle se caractérise en particulier comme une violence exercée contre l'amour, ce pour quoi elle commence par le susciter (la méchanceté peut-elle aller plus loin ?), un peu comme Gilles de Rais jouait parfois à se faire chérir de ses futures victimes, acte barbare[18] qu'il aurait fallu couvrir d'un éternel silence.

Même chose pour Charlus avec ses « espèces de messes noires où il se complaisait à souiller les choses les plus saintes »

18. L'écho qui en retentit dans *Les Chants de Maldoror* (I, strophe 6) : « … tu feras semblant d'arriver à son secours », se complique d'un vrai repentir du

(III, p. 397). La perversion dépend de la rectitude comme le blasphème de la sainteté. Le mal est esprit, énonce le commentaire heideggérien des *Recherches sur la liberté humaine*[19]. Le poète en fortifie la thèse :

> « Je suis trop attentif pour n'avoir pas compris
> Ce qui demeure impur dans une intelligence
> Le beau péché du monde est celui de l'esprit »[20].

Mais Schelling va encore plus loin : « Le mal, d'un certain point de vue, est le spirituel le plus pur » (C, p. 468). C'est lui qui infecte le corps, et non l'inverse (C, p. 468).

Il est à noter que Charlus illustre pour ainsi dire la sentence de saint Paul prisée par Luther suivant laquelle, pour les purs tout est pur mais que rien ne l'est pour les impurs (Tite 1:15). Ce souilleur de choses saintes juge en effet que les juifs ont un « curieux goût du sacrilège » dont il observe la trace dans leur acquisition de propriétés portant un nom chrétien. Il enregistre là un acte de « sadisme » ! La convergence des perversions éclate dans l'appréciation délirante qui suit : « Quand on donne dans la Semaine sainte ces indécents spectacles qu'on appelle *La Passion,* la moitié de la salle est remplie de juifs, exultant à la pensée qu'ils vont mettre une seconde fois le Christ sur la Croix, au moins en effigie » (III, p. 490). C'est le même regard impur qui constate l'indécence du spectacle profanant le mystère et imagine du blasphème à son endroit[21] — lors même que le lecteur attentif de Barbey

fait de « l'étincelle divine qui est en nous ».

19. *Schellings Abhandlung über das Wesen der menschlichen Freiheit (1809),* Tübingen, Max Niemeyer Verlag, 1971, p. 178. Heidegger adopte l'idée (voir *Unterwegs zur Sprache,* Pfullingen, Neske, 1959, p. 174)

20. Patrice de La Tour du Pin, *Damnation de Lorenquin,* in *Une Somme de poésie,* Paris, Gallimard, 1946, p. 595.

21. Dans un registre voisin, le narrateur se veut nuancé et sans anathématisme : « … de la même façon que le chroniqueur circoncis parle à tout propos de la

d'Aurevilly que fut Proust aurait dû distinguer un pseudo-blasphème (causé par un athée) d'un vrai (supposant la foi).

Certes, en ce cas, la qualification de sadisme paraît usurpée. Il y a comme un jeu d'emphase qui suppose de la cruauté là où il n'y en pas trace[22]. Il en va autrement avec Mlle Vinteuil dont le portrait moral brossé par le narrateur est tout à fait remarquable. Je passe sur le fait que le geste atroce infligé au père trépassé est rapportée dans des termes qui relèvent du sacré : « profanations rituelles » et « réponses liturgiques » (I, p. 160). La nouveauté est ailleurs, d'abord dans une appréciation générale, ensuite dans l'analyse. Voici pour l'appréciation : « Certes, dans les habitudes de Mlle Vinteuil, l'apparence du mal était si entière qu'on aurait eu de la peine à la rencontrer réalisée à ce degré de perfection ailleurs que chez une sadique » (I, p. 161). Autre l'apparence, autre la réalité[23]. Mais une apparence volontairement empruntée ne laisse pas d'avouer une imprégnation par l'essence. Mais là encore imprégnation n'est pas manifestation de l'essence. Le sadisme de la jeune fille n'est en effet pas de nature, si parfaite qu'en soit l'expression (« elle n'avait agi que par sadisme ») (III, p. 766), il est d'artifice, « une simulation de la méchanceté » (III, p. 766). L'analyse de Proust tient ici du génie : « Mais, au-delà de l'apparence, dans le cœur de Mlle Vinteuil, le mal,

"fille aînée de l'Église" et du "sacré cœur de Jésus", c'est-à-dire sans ombre de tartuferie, mais avec une pointe de cabotinage » (III, p. 717).

22. Le terme de masochisme est absent de la description du « supplice » auquel se soumet avec complaisance Charlus (IV, p. 394). Ce qui rappelle Sade, chez Proust, c'est l'idée que l'hermétique clôture d'une pièce donne à Jean Santeuil le sentiment de la puissance : « Là, il aurait pu en toute sécurité cacher des secrets ou commettre des crimes « (JS, p. 553). Un petit château de Silling situé dans la plus noire des forêts…

23. On le sait au moins par la technique romanesque de Dostoïevski qui fait soudain découvrir que « cet homme sournois est au fond excellent, ou le contraire » (III, p. 880).

au début du moins, ne fut sans doute pas sans mélange. Une sadique comme elle est l'artiste du mal, ce qu'une créature entièrement mauvaise ne pourrait être car le mal ne lui serait pas extérieur, il lui semblerait tout naturel, ne se distinguerait même pas d'elle ; et la vertu, la mémoire des morts, la tendresse filiale, comme elle n'en aurait pas le culte, elle ne trouverait pas un plaisir sacrilège à les profaner » (I, p. 162). C'est dire que l'artiste accomplit le mal en jouant au mal. Il en demeure à distance tout en s'y prêtant. Or garder cette distance ne se peut que du fait de l'enracinement dans le bien comme dans une réalité qui ne cesse pas d'apporter à l'être sève et vérité, la première maintenue dans son flux, tandis que l'autre est retournée en mensonge (façade, masque, artifices).

Mais au final, cette distance n'est nullement suffisante, puisque le support de bien ne fait qu'aggraver la faute (on dirait ici le péché). Supposons un moment l'indifférence au lieu de la vertu ou de l'amour du père, eh bien, la malfaisance ne ferait que glisser sur elle. Barbey d'Aurevilly, un écrivain attentivement pratiqué par Proust, a posé le problème avec acuité : les incroyants qui souillent les hosties ne montrent aucune sorte de bravoure car de leur point de vue ils n'ont pas à craindre le châtiment de l'Enfer[24].

C'est la différence d'attitude entre le narrateur et Mlle de Vinteuil qui est ici révélatrice. Le fruit défendu de la volupté ne paraît au narrateur frayer en lui une route inconnue et crue mortelle (I, p. 156) que pour un temps. « Les plaisirs de l'amour » (I, p. 568) n'appellent pas de condamnation car ils ne s'entremêlent pas à la morale religieuse, ni pour en attirer les foudres ni pour l'avilir. Résultat : le bonhomme n'est pas *expressément* sadique et s'il lui vient à l'idée d'exercer un art,

24. *À un dîner d'athées* dans *Les Diaboliques*.

ce ne sera pas celui du mal de cruauté — et ceci *parce qu'il n'est pas vertueux* comme l'est Mlle Vinteuil. En effet : « Les sadiques de l'espèce de Mlle Vinteuil sont des êtres si purement sentimentaux, si naturellement vertueux que même le plaisir sensuel leur paraît quelque chose de mauvais, le privilège des méchants. Et quand ils concèdent à eux-mêmes de s'y livrer un moment, c'est dans la peau des méchants qu'ils tâchent d'entrer et de faire entrer leur complice, de façon à avoir eu un moment l'illusion de s'être évadés de leur âme scrupuleuse et tendre, dans le monde inhumain du plaisir » (I, p. 162). Comprenons qu'alors que le narrateur n'a nul besoin de ce subterfuge pour donner satisfaction à ses désirs charnels, Mlle Vinteuil doit, pour se livrer « au plaisir qui lui semblait malin » (I, p. 162), recourir à l'illusion de la perversion totale de l'être, illusion seulement car même si elle y consent en pensée et en action, ce n'est jamais avec l'âme tout entière, c'est en se composant un personnage. Mais de ne s'être pas véritablement évadée de son âme scrupuleuse et tendre ne l'empêche pas d'avoir commis le mal et cela rien que parce que dialectiquement le bien est le mal — comme chez Schelling « l'âme de toute haine est amour » (L, p. 401).

Pourquoi dis-je que le narrateur n'est pas *expressément* sadique ? C'est qu'outre le fait qu'il n'est pas un artiste du mal ayant perçu de la malignité dans le plaisir et ne se plaisant qu'au mal, il est potentiellement sadique suivant la norme des non-artistes, celle pour qui le mal *donne l'idée du plaisir*. Il en fait l'aveu dès avant *La Prisonnière* quand il dit au sujet de Mlle Vinteuil : « Peut-être n'eût-elle pas pensé que le mal fût un état si rare, si extraordinaire, si dépaysant, où il était si reposant d'émigrer, si elle avait su discerner en elle comme en tout le monde, cette indifférence aux souffrances qu'on cause et qui, quelques autres noms qu'on lui donne, est la forme terrible et permanente de la cruauté » (I, p. 163). Il ne saurait donc échapper à cette généralité. Mais la disposition particulière au sadisme semble lui être épargnée alors qu'elle hante l'état de ces gens sans empathie, comme le duc de Guermantes, dont le narrateur dit qu'il « était de ces hommes incapables de se mettre à la place des autres, de ces hommes ressemblant en cela à la plupart des médecins et aux croque-morts » (II, p. 634), car c'est là que se prépare la perversion sadique fondée sur l'intransitivité de la souffrance d'une monade à l'autre (intransitivité sans laquelle le sadique souffrirait lui-même de la douleur infligée).

Le narrateur insinue que l'art du mal, tel qu'il vient de le caractériser, est de nature passagère. Rappelons son jugement : « le mal, au début du moins, ne fut sans doute pas sans mélange ». L'impur dans l'acception chimique serait-il susceptible de pureté avec le temps, auquel cas la créature finirait par mériter d'être qualifiée d'entièrement maligne ? Supposons que le narrateur ait pensé à cette possibilité, il sera légitime de se demander si le bien continuerait à être le mal. La réponse serait positive à ceci près que le rapport dialectique serait modifié. Dans la situation première, le sujet se déplace dans la sphère du mal (en s'altérant pour ainsi dire) afin de préserver le bien (moral) qu'il est pour n'offenser que médiatement le bien faisant l'objet de la perversion. Dans la seconde, le sujet agit selon les lois de sa propre nature en sorte qu'il est *pour lui-même* le bien (ontique) qui détermine immédiatement la perversion dans l'administration de la souffrance. Mais y a-t-il une véritable perversion dans l'acte ? N'a-t-elle pas plutôt eu lieu en amont, dans l'inversion du bien ontique en soi en mal, mal qui se conçoit comme du bien (pour soi) ?

Cela pose le problème de savoir ce qu'il en est de la créature qualifiée par le narrateur d'entièrement mauvaise, celle dont le mal ne lui serait pas extérieur, mais naturel. Il est bien entendu qu'elle ne peut être identifiée à l'artiste du mal. Faut-il l'identifier à l'être à qui le mal donne l'idée du plaisir ? Mais outre qu'on ne voit pas pourquoi cet être serait *entièrement* mauvais, et non *partiellement* comme s'il n'était mû que par le plaisir et que si, en cette occurrence, seul le mal le lui saurait procurer, outre cela donc, on note que Proust a laissé une marge de généralisation en recourant au vocable de *créature*. Se pourrait-il que le propos vaille pour une volonté diabolique ? Soit celle de qui s'est perverti dès le commencement (au point d'être actuellement corrompu en son fond) ou qui est essentiellement méchant ? On sait que Kant révoque l'hypothèse d'une pareille volonté, mais pour un motif qui ne tient pas à la satanalogie. La volonté diabolique dont il fait mention est une libre (et donc rationnelle) volonté humaine qui s'opposerait décidément à la Loi morale elle-même, ce qui lui paraît impossible[25]. Or la dialectique du bien et du mal autorise à une autre conséquence : l'opposition à la Loi donne de l'éclat à la Loi, elle la présuppose, loin d'en soutenir l'inexistence.

L'étonnant est que dès lors que Proust imagine l'individu qui pourrait être dit suprêmement mauvais, celui dont il dira qu'il a soif de mal, expression puissante — en concurrence avec la formule de « sadisme irrésistible » (III, p. 710) —, il s'empresse de préciser que cette soif est à proportion de sa bonté : « Il y a, d'ailleurs, chez le sadique — si bon qu'il puisse être, bien plus, d'autant meilleur qu'il est — une soif de mal que les méchants agissant dans d'autres buts ne peuvent contenter » (IV, p. 406). Tout l'effort de Charlus « vers la perversité » n'était que « factice » (IV, p. 406).

25. *La Religion dans les limites de la simple raison,* Ak VI, p. 35.

IV. Le mal révélateur de l'Être

Proust ne se contente pas d'une révélation du bien et du mal l'un en l'autre et par l'autre, car il veut faire du mal le révélateur de l'être, fût-il, cet être, du neutre, une réalité indéterminée sur le plan moral[26], car l'être, sans le mal est incolore et sa dynamique incomprise : « Le mal seul fait remarquer et apprendre et permet de décomposer les mécanismes que sans cela on ne connaîtrait pas » (III, p. 51-52). Pour illustrer cet axiome fondamental, il évoque des maux psychiques comme la conscience d'oubli qui force « à étudier les phénomènes de la mémoire », et la conscience d'insomnie qui porte à examiner le sommeil, « à projeter quelque lumière dans cette nuit » (III, p. 52). Or il est bien clair que ce qui vaut pour les manquements psychiques, vaut a fortiori pour le mal moral dont la prise en compte intellectuelle est propre à mettre en évidence les ressorts de la société et à découvrir les mobiles qui régissent les comportements des individus. Mais n'est-ce pas là le projet qui anime toute *La Recherche du temps perdu* ? Or outre cette fonction d'incitation au discernement dont profitent la science et la littérature, le mal possède un pouvoir encore plus important qui est de révéler la vie, non plus seulement à l'œil, mais à la vie elle-même. En effet, il est principe d'expression et de différenciation. Il n'est, dit Schelling, « rien d'autre que l'archi-fond pour l'existence » (L, p. 378), une existence déployée en ses innombrables déterminations — de quoi remplir,

26. Non point une féconde coïncidence des opposées, mais, pour le moment, le résultat d'éclairages successifs : « Jean (…) n'avait pas une idée arrêtée sur sa valeur morale et, selon que tel de ses défauts était flétri dans un livre et s'y retrouvait chez un criminel ou que telle de ses qualités y était exaltée, se croyait tour à tour Néron et saint Vincent de Paul » (JS, p. 222). Loin que le jugement soit suspendu, il se donne beau jeu dans ses alternances. Mais du moins la polarité du bien et du mal est-elle maintenue.

par exemple, la « comédie humaine » et les trois modes du temps, passé, présent et futur. À l'instar de Schopenhauer, Proust voit dans le mal un effet de l'individuation, plutôt que sa cause.

Se conçoit à présent le lien entre le combat et la multiplicité. « Sans opposition, dit Schelling à Stuttgart, point de vie, que ce soit dans l'homme ou dans toute existence en général » (C p. 435). En Dieu aussi « la contradiction seule apporte la vie » (WA, p. 220). Proust, de son côté : « Les théories et les écoles, comme les microbes et les globules, s'entre-dévorent et assurent par leur lutte la continuité de la vie » (III, p. 210) ; « la vie, et surtout la vie politique n'est-elle pas une lutte ? » (JS, p. 605). Il y a encore plus fort : « Il n'y a pas de vie sans victoire sur la mort » (WA, p. 262). De quoi résulte la nécessité du mal pour nos deux auteurs — du moins tant qu'on tient à l'idée d'une révélation de l'être (Dieu ou la société).

V. Le démon de perversité

« Un démon de perversité l'avait poussée, dédaignant la situation toute faite, à s'enfuir de la maison conjugale, à vivre de la façon la plus scandaleuse » (III, p. 105). L'allusion au démon n'est pas faite pour découvrir la cause de la conduite inconsidérée de la marquise de Surgis-le-Duc. Elle suggère plutôt qu'il n'y en a pas de visible et de tangible. Si la dame a été séduite, si elle a couru après l'amour, tout cela, s'il avait été, n'aurait été que prétexte. C'est que Proust emprunte la formule à *The Imp of the Perverse* de Poe où elle prend le sens de « mobile sans motif », de ce qui incite à agir mal sans dessein compréhensible, pour le mal. La métaphysique en pourrait rendre compte en termes de liberté abyssale dont, d'ailleurs, on trouve trace chez Schopenhauer sous l'appellation kantienne de liberté transcendantale — laquelle est sans motif. « Généralement, dès qu'il avait pris une décision, la décision contraire lui paraissait à partir de ce moment comme infiniment préférable » (JS, p. 412). Lors qu'un psychologue chercherait à cette attitude un motif inconscient, le métaphysicien sait qu'elle est due au sentiment que la liberté est comme emprisonnée dans l'un des termes du choix, celui que précisément elle a élu — ce qui lui paraît intolérable et à quoi elle a l'idée de vouloir remédier en faisant affleurer à la surface l'instance de l'abyssalité dont l'image prend la figure de l'Esprit qui souffle là où il veut ou, chez Proust, celle du vent dont la force (ou la douceur) semble sans cause (JS, p. 532). D'ailleurs « nous savons peu ce qu'il y a dans le vent » (JS, p. 589). Mais nous devinons qu'il y a de l'acausal sous-jacent à l'homme. Nous le voyons extérieurement limité et déterminé par l'espace et par le temps : « Pourtant le phénomène contient lui-même des indices qu'au fond de tout être gît (*zu Grunde liegt*) quelque chose d'illimité, réfractaire à la forme et à la règle » (SW XI, p. 388) et donc à la causalité, et par là aux motifs.

Le remarquable est que, pour Poe, l'acte se découvre dénué de mobile même dans la sphère phénoménale, alors que pour Schopenhauer, il ne l'est que dans son caractère intelligible[27] du fait que la Volonté, comme chose en soi, est indépendante du principe de raison[28]. On est alors fondé, avec Proust, d'estimer sans remède un mal sans raison (JS, p. 76) — et pour cette même raison, il n'en est sans doute pas de pire.

27. Voir Schopenhauer, *Les Deux problèmes fondamentaux de l'éthique*, tr. Ch. Jaedicke, Paris, Alive, 1998, p. 81.
28. *Le Monde comme volonté et comme représentation,* Paris, PUF, 1966, p. 504.

Certes la psychanalyse ne manquera pas de mettre au jour des motivations subconscientes. Une métaphysique de la volonté pure verra dans l'accomplissement de « ce que nous ne devrions pas » le fait psychique d'une transgression se définissant comme une raison suffisante, comme une forme d'affirmation de soi qui prend la guise d'un secouement de la tutelle oppressante des coutumes et de la morale. Or le rapport est étroit entre la liberté abyssale et l'auto-affirmation, que Poe précisément repère à travers le syntagme de *primum mobile*[29]. Ce qui paraît fascination pour la perversité n'est que l'effet de la volonté de soi. Le fond de Dieu œuvrant, selon Schelling, comme une volonté de révélation, rend possible la séparation des hommes d'avec Dieu en suscitant en eux l'être propre et l'opposition (L, p. 375), en d'autres termes, la volonté de singularisation. La séparation a lieu aussitôt que, s'étant saisis dans l'être propre et la passion de soi (L, p. 388), ils intervertissent le rapport entre la volonté universelle et leur volonté propre, de façon à soumettre la première à la seconde (ou de la moquer comme fait Mlle Vinteuil de la figure paternelle), ce qui est le mal, exprimé par Schelling citant Baader, en termes de *renversement des principes* et, plus précisément de *perversion* (*Verkehrtheit*) *positive*, ce qui permet d'établir le lien avec le démon de la perversité. La notion de base est l'inversion et, dans notre cas, du rapport juste (ou naturel)[30]. *Pervertere,* qui signifie proprement *mettre sens*

29. « Nous n'avons pas senti le besoin de constater cette impulsion, — cette tendance. Nous ne pouvions pas en concevoir la nécessité. Nous ne pouvions pas saisir la notion de ce *primum mobile,* et, quand même elle se serait introduite de force en nous, nous n'aurions jamais pu comprendre quel rôle il jouait dans l'économie des choses humaines, temporelles ou éternelles » (tr. Baudelaire).

30. On notera qu'au moment de mettre un terme à la *Recherche*, Proust juge sévèrement le snobisme et ce qui en relève (le fait de tomber au pouvoir du siècle) en quoi il observe une forme d'inversion des valeurs (IV, p. 617), notion plus proche de Nietzsche que de Schelling. Deux personnages pourront en

dessus dessous, n'implique donc pas l'absence d'être, ou même sa privation. Elle est plus qu'une absence d'harmonie, elle est « disharmonie positive » (C, p. 468), une réalité[31].

Le dessein évoqué par Poe n'est incompréhensible que parce qu'il est pure expression de l'ipséité. Habituellement, le sujet se met à inventer des mobiles empiriques lorsqu'il ne réalise pas que l'acte émane de la volonté de soi. Que s'il n'y parvient pas, il répondra au *pourquoi* (as-tu fait cela ?) par un *parce que !* qui passera pour dénoter une impolitesse ou un défaut de sincérité quand il ne fera que marquer de quel sans-fond surgit l'acte, en vertu, dirait Kant, d'un principe insondable pour nous[32], mais que l'audacieux Schelling s'est efforcé de mettre au jour.

Or s'il entre de l'auto-affirmation dans la perversion, elle participe également du plaisir de transgression, lequel commence par s'amuser de la surenchère que lui procure la publicité, comme Mlle Bloch et son amie qui exhibent « leurs dangereux ébats » (III, p. 236) pour finir par s'affirmer contre les normes qui prévalent au sein de la société — plaisir de transgression qui ne relève pas du sensible, mais du spirituel.

VI. L'inversion

Il n'est pas anodin que, concernant ce qu'il qualifie de *vice* (III, p. 39, 437, 512, 514, 716), le narrateur de la *Recherche* pré-

échapper, le narrateur, qui les traverse, et Mlle de Saint-Loup, nativement (voir IV, p. 605-606).

31. Le syntagme de « disharmonie positive » met en rapport le mal et la folie — ce que Schelling fera qui conçoit la folie « comme un signe effrayant de ce qu'est la volonté dans sa séparation d'avec Dieu » (C, p. 470). Il n'est pas si étonnant, pour un personnage de Proust, qu'un soupçon d'aliénation mentale se détecte dans la sonate de Vinteuil (I, p. 211). Mais la folie, pour Schelling, participe du mal moral avant de relever du mal physique (au sens de Leibniz).

32. *La Religion dans les limites de la simple raison*, Ak. VI, p. 11.

fère le terme d'inversion sexuelle (par exemple JS, p. 742) à celui d'homosexualité dont il fait parfois usage[33] tout en le jugeant impropre (III, p. 9) et qui, à l'encontre du premier, est moralement neutre. Anomalie et déviation ne suffisent pas à en rendre compte. Du fait que l'inverti met à mal le rapport naturel, il est considéré par Proust comme un perverti. Qu'apporte, à cet égard, une approche schellingienne ? De prime abord, peu de choses, le vocabulaire mis à part. Regardons de plus près. La perversion consiste, suivant notre philosophe, en l'assujettissement de la volonté universelle à la volonté particulière. Or l'instinct de reproduction est une expression de la volonté universelle comme le confirme le propos de Schelling sur l'animal en qui les principes sont inaltérablement unis (L, p. 372), ce pour quoi l'animal est incapable de mal. Ceci, pour le narrateur de la *Recherche,* est sous-entendu et affleure en la notion d'« amour antisocial » (III, p. 382) alors que Leslie, dans la nouvelle *Avant la nuit* se contentait de prendre note de la stérilité de la relation homosexuelle opposée à « l'amour fécond destiné à perpétuer la race, noble comme un devoir familial, social, humain », et comme tel « supérieur à l'amour purement voluptueux » (JS, p. 169). Il n'a pas poussé le blâme jusqu'à le juger anti-social ; il aurait pu aller jusqu'à asocial, lequel ne dénote pas une perversion où l'on est susceptible de repérer, outre la non-conformité aux bonnes mœurs, la récusation de la volonté générale œuvrant à la reproduction de la société. Ce que le narrateur de la *Recherche* préfère mettre en avant, c'est l'indétermination du sexe qui en résulte. De M. de Charlus, il est dit qu'il se trémousse en marchant. « On aurait cru voir s'avancer Mme de Marsantes, tant ressortait à ce moment la femme qu'une erreur de la nature avait mise

33. Lettre à Henri Ghéon (Proust, *Correspondance*, XIII, p. 25).

dans le corps de M. de Charlus. Certes, ladite erreur, le baron avait durement peiné pour la dissimuler et prendre une apparence masculine Mais à peine y était-il parvenu que, ayant pendant le même temps gardé les mêmes goûts, cette habitude de sentir en femme lui donnait une nouvelle apparence féminine, née celle-là non de l'hérédité mais de la vie individuelle (...) À force de penser tendrement aux hommes on devient femme, et une robe postiche entrave nos pas » (III, p. 300). Avant même de tomber sous le coup de la morale ou d'un préjugé sociétal, la perversion de l'instinct sexuel apparaît comme une inversion de l'identité sexuelle. Que signifie que l'intersexualité native (l'hérédité) présentée sur le mode de l'inclusion d'un genre dans l'autre soit surdéterminée par la préférence (la vie individuelle) ? Qu'un choix est à l'œuvre, y compris dans la feinte virilité. Toutefois, le lecteur marquera que le narrateur de la *Recherche* met plutôt l'accent sur la nature (et les goûts) que sur la volonté comme si l'inversion était un accident (une « erreur de la nature ») au lieu d'une subversion, ce que Schelling n'aurait pas admis — et comme si le mal dépendait de la sensibilité (autrement dit, de l'animalité), ce qu'il récuse formellement (L, p. 371) bien qu'il doive admettre que des vices puissent s'y greffer. Que si ce qui est présenté comme trait de caractère inné (ce que la nature mit dans le corps du baron) s'entend, à la lumière de Schelling, comme une détermination prétemporelle, on le peut faire alors remonter à un acte volontaire. « Il est notoire, dit l'auteur des Âges du monde, que nul ne peut se donner du caractère et nul n'a non plus choisi le caractère bien précis qui est le sien. La réflexion, le choix, tout cela fait défaut, et pourtant chacun reconnaît et juge le caractère comme un acte éternel (ne cessant jamais, constant), nul ne se fait faute de le mettre au compte de l'homme, comme de lui attribuer l'action qui en résulte.

Le jugement moral universel reconnaît donc en tout homme une liberté où n'a sa place (*explicite*) aucune réflexion, aucun choix, une liberté qui à elle-même est destin, à elle-même nécessité » (W, p. 205-206). La lecture schellingienne de Proust qui fait de l'inversion l'effet de la liberté abyssale (syntagme qui d'ailleurs apparaît dans ce même contexte des Âges du monde) de la redéfinir en termes de perversion des principes.

On sait que Proust a choisi un autre principe d'explication, en recourant à ce qu'il appelle un « hermaphroditisme initial » dont l'explicitation par le biais de la botanique et de la zoologie (III, p. 31) ferme la voie à la considération d'un acte volontaire prétemporel — sauf si, évidemment, l'alignement de la volonté sur la nature sert le dessein d'un refus de reconnaître le caractère comme un acte éternel afin d'être en mesure de ne pas le mettre au compte de l'homme, comme de lui attribuer l'action qui en résulte pour l'en tenir responsable. C'est ce que Schelling pourrait avancer pour confirmer sa théorie, mais ce que Proust ne fait pas. Tout mal n'est pas esprit, pour ce dernier et n'a pas besoin d'être effectif en tant qu'esprit.

VII. Le dieu inversé

Le vice use du mensonge pour les besoins de la dissimulation comme chez Albertine et Robert qui ment à sa femme en permanence (IV, p. 277) ou chez M. Marie qui, en pleine mauvaise foi (car il n'ignore pas la loi morale[34]), se croit honnête de confesser à Dieu ses péchés et malversations tout en

34. La connaissance de la loi empêche la faute, selon Fichte, mais pas chez Kant pour qui c'est sciemment qu'on s'oppose à l'impératif moral. Il y a mauvaise foi au sens sartrien dans le cas de M. de Charlus qui, « femme », est obligé de se mentir à lui-même et de se croire homme pour plaire à soi (III, p. 927, esquisse).

les taisant soigneusement aux humains (JS, p. 386-387). La vertu ne fait pas mieux : « D'une part, le mensonge est un trait de caractère ; d'autre part, chez des femmes qui ne seraient pas sans cela menteuses, il est une défense naturelle, improvisée, puis de mieux en mieux organisée, contre ce danger subit et qui serait capable de détruire toute vie : l'amour » (IV, p. 195). Ceci à supposer évidemment que l'amour menace la vertu comme il en fut avec les Héloïse, anciennes et nouvelles. Mais le mensonge, n'est-il pas le mal universel ? « Le mensonge est bien peu de chose, nous vivons au milieu de lui sans faire autre chose qu'en sourire, nous le pratiquons sans croire faire mal à personne » (III, p. 607). Universel, ne serait-il pas également incontournable pour raison d'ontologie de la personne ? En effet, « l'homme est d'abord un être centrifuge qui s'ignore, qui se fuit, qui s'attache hors de soi à la contemplation de ses songes » (III, p. 954, esquisse). La mauvaise foi sartrienne est seconde par rapport à la centrifugalité au sujet de laquelle Schelling a son mot à dire. Lui aussi tient que l'homme est un être centrifuge sauf que le centre qu'il fuit relève du divin. De là, cette sentence immortelle : « L'angoisse même de la vie pousse l'homme hors du centre où il a été créé ; car ce centre en tant qu'essence la plus pure de la volonté est pour chaque volonté particulière un feu dévorant ; pour pouvoir y vivre, l'homme doit mourir à toute propriété[35] (*Eigenheit*), au point d'être presque nécessairement tenté de quitter le centre pour sortir vers la périphérie, afin d'y chercher un lieu de repos pour son ipséité (*Selbstheit*). C'est de là que vient l'universelle nécessité du péché... » (L, p. 381)[36]. C'est cet excentrement qui propose l'homme comme un projet d'inversion de Dieu, car

35. C'est le terme des mystiques, de Madame Guyon en particulier.
36. J'ai commenté ce passage dans mon *Schelling. L'angoisse de la vie*, Paris, L'Harmattan, 2009.

c'est à la périphérie que l'homme peut se constituer comme centre pour soi. Là aussi mensonge, que Schelling appelle une fausse vie.

Les nombreuses analyses de la jalousie qui jalonnent la *Recherche* proustienne reposent sur une double base : d'une part, sur la multiplicité de la personne « et le champ infini des possibles » (III, p. 600) et, d'autre part, sur la capacité de mentir, un trait qu'Odette partage avec Albertine. Mais c'est seulement d'Albertine que le narrateur dit qu'elle « était plusieurs personnes » (III, p. 840), *légion* ?, et viscéralement menteuse : « Ses mensonges si nombreux parce qu'elle ne se contentait pas de mentir comme tout être qui se croit aimé, mais parce que par nature elle était, en dehors de cela, menteuse, et si changeante d'ailleurs que même en me disant chaque fois la vérité sur ce que, par exemple, elle pensait des gens, elle eût dit chaque fois des choses différentes » (III, p. 605). Par nature menteuse, c'est-à-dire par nature fausse, à l'instar de Satan qui, selon l'Évangile de Jean (8:44), « lorsque qu'il profère le mensonge, parle de son propre fonds car il est menteur et le père du mensonge », à l'instar de l'aurevillienne comtesse du Tremblay de Stasseville, dans *Le Dessous de cartes d'une partie de Whist,* née hypocrite. Le point de vue moral s'arc-boute ici sur de l'ontique, à croire qu'Albertine n'a pas le choix d'être autre que ce qu'elle est. Elle ne mentirait pas pour camoufler ses infidélités (ou prétendument par amitié pour le narrateur (III, p. 839), ce qui est porter le mensonge à la deuxième puissance), elle serait plutôt infidèle parce qu'il appartient à sa nature de mentir (*operari sequitur esse*) — ce qui revient à faire constamment passer l'être sous le non-être et le non-être sous l'être. Proposition qui est à nuancer en raison de la versatilité d'Albertine qui produit un effet analogue au mensonge, car même quand elle dit la vérité, cela tombe à faux pour cause de labilité ontique qui fait constamment passer l'être dans le non-être et le non-être dans l'être. Résultat : même quand elle ne ment pas, elle ne prononce pas le vrai. Il y a lieu pourtant de s'élever à la généralité au point de faire du mensonge la respiration de l'humanité. « La maladie du mensonge » (IV, p. 101) ne frappe pas tel ou tel. C'est une lèpre répandue sur l'existence entière : « (...) notre vie ne reposait-elle pas sur un perpétuel mensonge ? » (IV, p. 49). Proposition qui, dans le christianisme, s'explique par le théologoumène de la chute originelle — qui prend chez Proust la nuance d'une recherche éperdue du plaisir : « Le mensonge est essentiel à l'humanité. Il y joue peut-être un aussi grand rôle que la recherche du plaisir, et d'ailleurs est commandé par cette recherche. On ment pour protéger son plaisir, ou son honneur si la divulgation du plaisir est contraire à l'honneur. On ment toute sa vie, même, surtout, peut-être seulement, à ceux qui nous aiment. Ceux-là seuls, en effet, nous font craindre pour notre plaisir et désirer leur estime » (IV, p. 189)[37]. Tout homme est donc dans la perversion du rapport de l'universel et du particulier[38].

Bien que les deux séquences se juxtaposent sans se confondre, elles dérivent d'un même principe, celui de la perversion méontologique initiée, d'après Schelling, par le dieu inversé (*umgekehrte Gott*) qui se revêt de l'être alors même qu'il ne parvient pas à s'actualiser[39] ; et, *séducteur*, « conduit

37. Il semble, de prime abord, que Proust néglige les deux autres concupiscences, de domination et de connaissance, car elles aussi, et surtout la première, font usage du mensonge. Toutefois, le goût de l'estime peut en relever.

38. Je n'entends pas par là faire de Proust un fervent chrétien (rien que parce qu'il aimait les cathédrales et qu'il ne fut pas anticlérical) mais, imprégné de christianisme, il admettrait une forme sécularisée du péché originel dont les effets déterminent la condition humaine.

39. Ce que Schelling dira du mal dans les Âges du monde : « Le mal est un mensonge intérieur, auquel manque tout être véritable, et pourtant il *est* et fait preuve d'une terrible effectivité, non pas cependant comme un véritable

l'homme dans le domaine du non-sens (*Sinnlosigkeit*) » et « l'entraîne à accueillir dans son imagination le non-étant », entreprise qui trouve un complice en sa victime car de cette dernière « les yeux, incapables de demeurer fixés dans la contemplation de l'éclat du divin et de la vérité, se tournent toujours vers le non-être ». L'homme passe alors « de l'être authentique au non-être, de la vérité au mensonge » (L, p. 390). Quoique la raison métaphysique de cette dérive soit parfaitement ignorée de Proust, il reste que sa prise en compte de la perversion aléthique d'Albertine repose sur cette *affirmation du néant comme être* qui renverse l'homme sans pouvoir inverser Dieu[40]. N'appartient-il pas au génie de Proust de décrire des amours sans autre base que l'imagination ?[41] Dans Jean Santeuil, cette même affirmation du néant comme être repose sur une autre prémisse, qu'« il n'y a ni bien ni vrai » (JS, p. 261), qui tient de Nietzsche et, à travers lui, de la légende des Assassins[42].

Une place particulière doit être réservée à ces formes aiguës de mensonge qu'on dira meurtrières, médisance et calomnie. Le pire est atteint lorsque le mal se pratique pour l'emphase du mal lui-même comme à la faveur d'un concours : « Tout le monde est devenu si méchant. C'est à qui dira le plus de mal des autres » (III, p. 812). Où l'on constate que si le mensonge est négation de l'être, le mal est puissance et réalité et par ces deux traits il est contagion : « En étant in-

étant, mais bien comme quelque chose qui, par nature, aspire à être étant » (WA, p. 267). Autrement dit, il est le non-Dieu au sein même de la divinité, qui veut retourner Dieu sens dessus dessous.

40. Cette inversion se remarque dans le champ du politique si on s'avise du sens que revêt, chez Lars von Trier, la cité cynique, Dogville.

41. L'idée en est développée dans *Un amour de Swann* et surtout dans *Mélancolique villégiature de Mme de Breyves* (JS, p. 66-75).

42. Voir la *Généalogie de la morale* III, 24.

justes pour mon père, les journalistes de l'Ère nouvelle ne sont pas seulement injustes, ils rendent tous ceux qui les lisent injustes. Ils les rendent méchants. Ils leur donnent envie de lire le lendemain qu'un de leurs prochains qu'on croyait bon est méchant » (JS, p. 612).

Sur le mensonge qui sert à protéger le plaisir du sujet, ou son honneur, un mot doit être ajouté. Cela peut être l'honneur d'autrui, comme lorsque l'amant fait croire qu'il désire une autre personne que la véritable. Le plus souvent c'est pour soi, pour s'assurer d'une respectabilité de façade comme dans les amours homosexuelles : l'inverti, chez Proust, se sert d'une épouse (que le mariage soit feint ou pas) ou d'une maîtresse comme « paravent » (III, p. 801) ou « couverture » (III, p. 810). Ce que j'appelle une nodalisation dérivative. On se joue de l'être pour dissimuler l'être. On pourrait également se jouer du néant pour dissimuler l'être en se contentant de faire passer pour une amante une femme qui ne l'est guère. Dans le premier cas, la relation est réelle et fausse, pas dans la seconde ou elle est irréelle et fausse.

VIII. L'erreur comme perversion

Il est un autre mal que celui de l'âme, un mal de l'esprit, lorsque l'erreur n'est pas due à l'indigence de l'entendement, comme chez Descartes (laquelle ne touche pas à la droiture du cœur), ou à un fléchissement de l'attention de l'esprit, « cette prière naturelle, comme dit Malebranche, que nous faisons à la vérité intérieure, afin qu'elle se découvre à nous »[43] — lorsqu'elle dépend plutôt d'un préjugé qu'on se refuse à faire passer par le creuset de la vérification. C'est ainsi que M. de Guermantes

43. *Conversations chrétiennes*, I, in *Œuvres*, I, Paris, Gallimard, Bibl. de la Pléiade, 1979, p. 1132.

trouve qu'il est de bon ton de « condamner Dreyfus pour haute trahison quelque opinion qu'on eût dans son for intérieur sur sa culpabilité » (III, p. 77) et indépendamment même de savoir si l'homme est « coupable, ou non » (*Ibid.*). Attitude qui trouve son explication chez Swann estimant qu'en l'Affaire, les « opinions » sont « commandées par l'atavisme » (III, p. 110) — ce qui semble devoir valoir également pour nombre de dreyfusistes juifs. D'autant plus remarquable alors la prise de position de ceux qui, comme Saint-Loup, s'arrachent à cette dépendance laquelle les rejoint pourtant dans le jugement qu'on émet sur cet arrachement, car ce serait également par atavisme : « Les Guermantes sont à moitié allemands » (III, p. 480), explique-t-on. Et quand le même Saint-Loup change d'opinion, cela ne s'expliquerait que par un retour au premier atavisme, au chauvinisme cocardier français.

Or que dit Schelling ? Que « l'erreur (…) n'est pas une simple *privation* de vérité. C'est quelque chose de hautement positif, non pas un manque d'esprit, mais de l'esprit perverti (*verkehrter*) » (C, p. 244). « L'erreur (au moins ce qui mérite de s'appeler ainsi) n'est pas l'absence totale de la vérité, mais seulement la perversion de la vérité »[44].

IX. Une métaphysique du bien

Que l'aiguillon de la question du fondement du mal soit inné à l'âme, comme le déclare Platon cité par Schelling[45], cela Proust

44. *Introduction à la philosophie de la mythologie*, SW XI, p. 74. Reconnaissons toutefois, chez Proust, une sorte d'erreur due à la bienveillance, voire même à la bonté incapable de constater le mal. Ainsi Mme Marie qui croit son époux ne pouvoir faire « quelque mal (…) que par entraînement de son bon cœur pour ceux qui ne le méritent pas, pour ceux qui ne le méritent pas toujours » (JS, p. 581).

45. Lettre II, 313a ; *Philosophie et religion,* SW VI, p. 28.

le contesterait sans doute, mais il ferait un sort à la question du fondement du bien.

Il y a « des actions immorales » (IV, p. 617), c'est entendu. Toutefois manque à *La Recherche du temps perdu* une métaphysique du mal — duquel on ne détecte qu'une physique et une psychique. Que le monde soit comme maléficié, ce n'est guère autrement que par le jeu des égoïsmes. S'il est déchu, nul qui le sache ou le pense — si bien que la question de l'origine du mal ne se pose pas en termes métaphysiques et encore moins théologiques. Mieux : il n'y a guère de scandale qui y soit lié et la question leibnizienne « *Si Deus est, unde malum ?* » ne trouverait même pas de site. En revanche, la naturalité du mal porte à s'étonner de la présence du bien en sorte de se rapprocher de la question de Leibniz poursuivant son interrogation : « *si non est, unde bonum ?* »[46] La supposition initiale est évacuée par Proust : il n'y a pas de Dieu, la cause est entendue ; mais la question demeure : d'où vient le bien ? La réponse n'est pas à chercher dans quelque motivation sociologique ou psychologique. Il n'y a pas de généalogie naturaliste du bien. La métaphysique est convoquée dans le paragraphe suivant à l'exclusion de la théologie.

« Tout se passe dans notre vie comme si nous y entrions avec le faix d'obligations contractées dans une vie antérieure : il n'y a aucune raison, dans nos conditions de vie sur cette terre, pour que nous nous croyions obligés à faire le bien, à être délicats, même à être polis, ni pour l'artiste cultivé à ce qu'il se croie obligé de recommencer vingt fois un morceau dont l'admiration qu'il suscitera importera peu à son corps mangé par les vers, comme le pan de mur jaune que peignit avec tant de science et de raffinement un artiste à jamais in-

46. *Théodicée*, I, 20.

connu, à peine identifié sous le nom de Ver Meer. Toutes ces obligations qui n'ont pas leur sanction dans la vie présente semblent appartenir à un monde différent, fondé sur la bonté, le scrupule, le sacrifice, un monde entièrement différent de celui-ci, et dont nous sortons pour naître sur cette terre, avant peut-être d'y retourner vivre sous l'empire de ces lois inconnues auxquelles nous avons obéi car nous en portions l'enseignement en nous, sans savoir qui les y avait tracées, ces lois dont tout travail profond de l'intelligence nous rapproche et qui sont invisibles seulement — et encore ! — pour les sots » (III, p. 693). Bien que la notion de chute (thème schellingien) ne soit pas ici de mise, ce texte a de quoi rappeler le mythe de l'âge d'or auquel le philosophe allemand ici et là sacrifia. Le remarquable est qu'il le fait coïncider avec un temps prémoral, où il n'y avait ni bien ni mal (L, p. 379), où l'être était indemne (SW XII, p. 183). Proust, au contraire, tient à l'identifier au bien afin d'expliquer l'obligation éthique qui pèse sur les individus nés dans ce bas-monde. S'il s'était contenté de les avoir fait jadis vivre « dans des voluptés calmes, au milieu de l'azur et des splendeurs », ils eussent vécu par la suite dans la poursuite du bonheur sensible et la mollesse et sans la moindre idée d'un devoir à accomplir au prix de la vie si nécessaire[47].

Il n'y a pas de chute de ce monde de bonté, tout simplement parce qu'un serpent n'y a pas sa place ; de ce monde que, dans une perspective transcendantale[48], on qualifiera d'ordre

47. Certes se sont les humains qui se donnent des scrupules, certains convenant à la masse, d'autres à l'élite (III, p. 593, esquisse), mais le pouvoir d'avoir des scrupules, de se les donner, ils le tiennent d'une instance supratemporelle.

48. La tonalité kantienne du passage est marquée dès le début par la forme du *comme si* dont Vaihinger a fait le trait distinctif de la démarche criticiste. Descente du monde supérieur et remontée, en revanche, sont, en revanche, à rapporter au platonisme, à ceci près qu'il n'est pas question de chute due à la partie rebelle de l'âme et pas davantage de réincarnation au sens d'un transport d'un corps à l'autre.

moral du monde, les effets se font ressentir dans la sphère de l'empirique sous la forme d'un impératif catégorique de faire le bien qui se signale par son étrangèreté — à quoi correspond chez Schelling le mythe d'une instruction, par des esprits incarnés, de l'humanité déchue (SW VI, p. 58-59). Le monde des esprits pèse de tout le poids du bien sur le monde charnel du mal.

Proust pourrait comme Fichte identifier cet ordre vivant et agissant à Dieu et comme lui préciser : « Nous n'avons besoin d'aucun autre Dieu, et nous ne pouvons en saisir un autre »[49].

X. Le sensible

Si des plaisirs éventuels de M. Santeuil pouvaient être jugés « contestables », ce serait du point de vue de l'épouse (JS, p. 212). Rien qui semble gravissime… Le plaisir, dans la jeunesse, n'est-il pas presque « aussi innocent » et « presque de même nature » que « le besoin d'activité physique » (JS p. 509) ? On conçoit que la faute s'accroisse à proportion du *désir* qui supplante le simple *besoin*. À quoi s'ajoute l'instance du devoir qui entre en conflit avec le désir (cf. JS, p. 705). Mais telle n'est pas l'opinion de Jean l'artiste qui tient que la sensualité, si elle n'est pas le bien, est « au moins inoffensive et souvent assez féconde » (sans parler de ses vertus intersubjectives[50]) tandis qu'il voit « le mal véritable » dans la frivolité et l'éloquence (JS, p. 703), maux qu'on peut qualifier de spirituels. Le Schelling de la philosophie de la liberté s'accorde avec le Proust de *La Recherche* pour imputer le mal spirituel à

49. *Sur le fondement de notre croyance en une divine Providence* (tr. A. Philonenko, in Fichte, *Doctrine de la science 1801-1802 et textes annexes*, Paris, Vrin, 1987, p. 205).

50. « La sensualité le rapprochait des autres » (JS, p. 830).

la liberté et non à quelque limitation de la nature que ce soit, inertie qui entrave sa résolution morale, faiblesse ou ignorance, corporéité (cf. C, p. 468) ou simple animalité, ce qui revient à nier le mal par excès de philanthropisme (L, 371)[51]. Toutefois, l'*hermaphroditisme* initial du « dissident de l'amour de la femme » (JS, p. 719) demeure, chez Proust, explicable par la nature. Proust suivrait même Leibniz en son admission d'un mal métaphysique[52], dans la mesure où il soupçonne « dans l'essence même du présent une imperfection incurable » (JS, p. 139). Il y a même quelque chose du philanthropisme des Lumières dans l'observation que « nous ne pouvons approcher des êtres les plus pervers sans reconnaître en eux des hommes. Et la sympathie pour leur humanité entraîne notre tolérance pour leur perversité », ce qui entraîne un « affaiblissement de la répulsion pour le vice » (JS, p. 872).

XI. Le mal ontologique

Si l'être est de guerre au lieu de simplement en user, alors il y a un mal ontologique (à distinguer du mal métaphysique), celui de l'excès de l'esprit menant une guerre contre l'existant comme tel, cherchant même à « supprimer le fondement de la création » (cf. C, p. 468). Mais c'est dans la dualité divine elle-même qu'il convient de chercher la source du jugement négatif porté sur la créature. Au regard de la contraction sur soi de l'égoïsme divin opposé l'expansion de l'amour divin[53], la révélation de Dieu en guise de monde serait le mal (voir le

51. Voir aussi la critique de Fichte (L, p. 389).

52. « Il y a une *imperfection originale dans la créature*, avant le péché, parce que la créature est limitée essentiellement (...). Le mal métaphysique consiste dans la simple imperfection » (*Théodicée*, I, 20-21).

53. « Il y a en Dieu une véritable dualité (...) ; à la force affirmative et expansive s'oppose une force restrictive et négative » (D, p. 73) ; « Dieu lui-même est double » (WA, p. 215). Voir WA, p. 211.

chapitre IV). Tout serait mauvais en sorte que tout pourrait être méchant, aussi bien Mme de Guermantes qui « dès son enfance, montait à cheval, cassait les reins aux chats, arrachait l'œil aux lapins » (II, p. 793), que n'importe quel personnage de la *Recherche*, si idéalisé soit-il. Cela se laisse soupçonner même dans le confort égoïste, dans la bienveillance envers ceux qui assurent efficacement le bien-être, serviteurs dévoués qu'on préfère à des personnes qui auraient besoin de sollicitude et dans l'indifférence au sort des bêtes nourricières : « C'est ainsi que les moutons, les poulets et les bœufs dont nous supportons sans y penser l'agonie, parce qu'elle est nécessaire à nos régals, ne sont pas les seules victimes innocentes que nous laissons chaque jour sacrifier. Le bien-être, la coquetterie, la gourmandise, le luxe sont des souverains aimables dont les crimes innombrables, comme chaque jour depuis des siècles sans avoir été une seule fois punis, entretiennent la félicité et assurent l'empire » (JS, p. 283).

Il existe un autre mal de l'être, la vanité, dont Proust s'est fait le contempteur, mais sans pour autant l'avoir caractérisé comme un mal de l'être, ayant simplement vu en lui un travers de la socialisation. Toutefois, lorsque Jean Santeuil reprend la formule de l'Ecclésiaste, il ne la mobilise pour vitupérer contre le seul snobisme, « maladie grave de l'âme, mais localisée » (III, p. 524). Il n'est certes pas sans savoir que la vanité est « rouille de l'âme » (JS, p. 230). Mais il y a loin du jugement portant sur l'effondrement de la subjectivité dans son néant propre à l'élargissement à l'être entier de la condamnation quand est prononcée la sentence d'omnivanité qui ruine l'assise de l'existence et jusqu'à toute velléité d'écriture : « Celui qui a écrit ce livre sait que tout est vanité, et ce livre comme le reste » (JS, p. 237). Observable dans le texte biblique, cet élargissement dépend, chez Proust, d'un détour par les Grecs dont Leconte de Lisle s'est fait l'interprète dans les vers cités (JS, p. 237) :

> « La vie antique est faite inépuisablement
> Du tourbillon sans fin des apparences vaines ».

Vaines sont les apparences qui ne recouvrent pas de substance. Vanité comme vide dont l'écho retentit chez le philosophe allemand soutenant, en 1804, que la chose, étant « une non-essence, cherche la réalité qui lui fait défaut dans une autre chose qui n'en a pas davantage et la cherche aussi dans une autre. Leur enchaînement infini par voie de cause et d'effet est alors le témoignage et l'expression de la vanité (*Etelkeit*) à laquelle elles sont toutes soumises » (VI, p. 195-196). Cela tient au fait que les choses finies ne sont pas réelles (VI, p. 38, 195) et que l'univers phénoménal est un non-être (VI, p. 44).

Toutefois, pour Schelling, comme pour Proust, le savoir véritable[54] et l'art sont de nature à donner un sens et à assurer le salut. « Il décida qu'il les inscrirait [les vers de Leconte de Lisle] en tête de son livre et au-dessus écrirait simplement : Celui qui a écrit ce livre sait que tout est vanité mais, etc., etc. » (JS, p. 237). Il y a donc un *mais,* lequel est propre à interrompre la chaîne — du fait qu'il y a « une vie pleinement vécue, c'est la littérature » (IV, p. 474).

XI. Le dieu caché

« C'est un Dieu qui se cache et qui rit que nous ne le voyions plus. Il joue et ses jeux sont cruels, car il ne dépose pas ses flèches » (JS, p. 827). Ce sont les amours profanes qui suggèrent cette réflexion désabusée. La divinité visée est sans

54 Qui est pour l'auteur de *Philosophie et religion* information (*Einbildung*) de l'infini dans l'âme (SW VI, p. 51).

doute Cupidon. Mais les allusions aux flèches ne manquent pas d'évoquer le Dieu de Job dont les traits transpercent sa victime qui s'exclame : « Les terreurs de Dieu se rangent en bataille contre moi » (Job 6:4). Ajoutons que la dévastation provoque son rire (Job 5:22). Cupidon interdit à Psyché de voir son visage. Le Dieu d'Israël ne se dissimule pas moins (Isaïe 45:15).

La première phrase n'est pas sans rappeler une remarque de la *Philosophie de la Révélation* de Schelling : « Le monde n'est rien que l'être divin suspendu. Il rit de ceux qui se laissent abuser et, en considération du plaisir que lui procure leur précipitation, c'est de bonne grâce qu'il leur pardonnera de l'avoir nié » (XII, p. 92). Se voilant *comme* nature, Dieu donne libre carrière à l'athéisme. C'est le même rire, en catimini. Mais le Dieu de Schelling semble moins violent. Il se contente de se réjouir de sa bonne farce.

Le rire n'est qu'un symptôme plaisant de la réalité qui est d'être une inversion. Le Dieu de la dernière philosophie de Schelling montre « la plupart du temps le contraire de ce qu'il veut véritablement dire » (SW XII, p. 91). C'est qu'une « Révélation immédiate de Dieu est impossible (...). Le procès du monde est la Révélation de Dieu *per contrarium* » (EP, p. 113). Le sourire de Dieu voile son visage terrible : « C'est précisément parce que cette face demeure cachée que sont le ciel et la terre. Que cette face surgisse hors de sa réserve, et elle en vient aux dernières extrémités, à faire frémir l'univers entier » (EP, p. 108).

XII. L'aspiration à l'infini

L'homme ne se suffit pas à lui-même. L'âme, pour Schelling, comme pour Proust se caractérise par une aspiration native à l'infini, laquelle est parfois bloquée ou interrompue, et alors : « Elle continuait à offrir le spectacle somptueux et désolé d'une existence faite pour l'infini et peu à peu restreinte au presque néant, avec seulement sur elle les ombres mélancoliques de la noble destinée qu'elle eût pu remplir et dont elle s'éloignait chaque jour davantage. Un grand mouvement de pleine charité qui aurait lavé son cœur comme une marée, nivelé toutes les inégalités humaines qui obstruent un cœur mondain, était arrêté par les milles digues de l'égoïsme, de la coquetterie et de l'ambition. La bonté ne lui plaisait plus que comme une élégance » (JS, p. 36). À défaut d'une révélation spéciale qui, rappelant à l'âme qu'elle est, comme dit Schelling, ce par quoi l'homme est en rapport avec Dieu » (C, p. 469)[55], la retournerait comme un gant, une autre perspective, offerte par une révélation universelle, a chance d'obtenir un effet semblable ou le même : « Par la pensée de la mort ou à la venue de la mort, dans l'âme la plus obscure ou la plus bornée s'ouvre un jour mystérieux sur l'infini » (JS, p. 878).

Il serait naïf de croire que l'ouverture sur l'infini soit de nature à conduire obligatoirement le sujet sur les voies du bien car si l'adhésion paresseuse du petit égoïsme au fini rabougrit l'âme, le grand égoïsme se saisit de l'aspiration nostalgique à l'infini pour viser à l'auto-déification. Ce qu'on peut dégager du passage suivant des *Recherches sur la liberté humaine* : « Même en celui qui s'est écarté du centre, demeure toujours le sentiment d'avoir été toutes choses, à savoir en et avec Dieu ; c'est pourquoi il tend à regagner cet état, mais pour soi, et non point tant là où il pourrait être tout, à savoir en Dieu. De là prend naissance cette avidité de la passion-du-propre, qui, dans la mesure où elle se détache du tout et de l'unité, devient tou-

55. Citation d'Ovide, chez Proust (III, p. 459) : « *Os homini sublime dedit caelumque tueri* » (*Métamorphoses*, I, 85).

jours plus indigente et misérable, mais par là même aussi plus concupiscente, avide et venimeuse » (L, p. 390). On voudrait être l'infini hors de Dieu, voire contre Dieu, au lieu de l'être en lui. Posture qui prend, chez l'artiste, la guise d'une appropriation de la créature aux dépens du Créateur : « (…) si Dieu le Père avait créé les choses en les nommant, c'est en leur ôtant leur nom, ou en leur donnant un autre qu'Elstir les recréait » (II, p. 191). Certes Dieu nomme les ténèbres, l'étendue, le sec, et les étoiles (Genèse 1:5, 8, 10 ; Psaumes 147 :4), mais guère les bêtes et la femme. Proust néglige la part concédée à Adam dans leur nomination (Genèse 2:19-20 ; 3 :20) en sorte qu'il finit par attribuer à l'artiste le geste d'une souveraineté plénière : un recentrement qui fait tout le cosmos se tourner vers l'artiste et s'incliner devant lui comme devant un Joseph emblématique.

Conclusion

Ce que le romancier imagine en des situations dramatiques, la pensée pure est à même de l'élever au concept. Or bien que l'écriture de Proust comporte ses propres élucidations notionnelles au sujet du mal (« le point de vue métaphysique et moral prédomine partout dans "l'Œuvre" »[56], ne manque-t-il pas de déclarer, comme pour réfuter par avance l'opinion de Gide là-dessus[57]), elles gagnent à être précisées et même réélaborées au prisme d'une investigation hautement spécu-

56. *Correspondance*, XI, Paris, Plon, 1984, p. 287.
57. Il déclare, en 1921, soit près de dix ans après que Proust s'est exprimé dans sa lettre à la NRF sur le caractère métaphysique et moral de la *Recherche,* que ce qu'il admire le plus en elle, « c'est sa gratuité. Je n'en connais pas de plus inutile, ni qui cherche moins à prouver », car elle prétend, à l'instar de toute œuvre d'art, trouver « sa fin dans sa beauté » (*Incidences,* in *Essais critiques*, Paris, Gallimard, Bibl. de la Pléiade, 1999, p. 292).

lative qui, comme celle des *Recherches sur la liberté humaine* de Schelling, a fait du mal l'un de ses foyers.

Nous sommes partis de l'attestation d'une inscription de l'entreprise proustienne dans une « recherche de la Vérité ». Mais alors que dans une philosophie générale, la vérité présente d'elle-même, comme dit Schelling, « une face sévère », il n'en va pas de même de la philosophie de l'art dans la mesure où elle donne de contempler « la beauté éternelle et les archétypes de tout ce qui est beau » (SW V, p. 364) — à quoi finit par s'élever le lecteur de la Recherche proustienne après avoir longuement scruté l'humain en ses défaillances. Jaume Bosquet dit :

> « Le mal est un miroir terrible,
> Une exactitude qui nous accable
> En sa définition monstrueuse ».

Chapitre II

Le diable auteur

> « Dans ce temps délicieux, quand on raconte une histoire vraie, c'est à croire que le Diable a dicté » (Barbey d'Aurevilly, *Le Bonheur dans le crime*).

L'art est puissance, pour Proust, puissance de modeler à sa ressemblance l'être qui s'y adonne lequel devient « immoral, soucieux seulement de pensée et de beauté » (JS[58], p. 706). L'immoralité n'est pas encore antinomique bien qu'elle puisse y préparer, ce que reconnaît Denis de Rougemont. Dans un ouvrage intitulé *La Part du diable*, il est normal de trouver un chapitre (le quarante quatrième) consacré à la littérature. Il est intitulé : *Le diable auteur.*

58. *Jean Santeuil,* Paris, Gallimard, Bibl. de la Pléiade, 1971.

Se vouloir auteur, est, selon Jacob Boehme cité par Rougemont, la raison pour laquelle Satan sortit du Paradis — afin de « faire aussi son propre Ouvrage ». Formule judicieuse encore qu'inférieure à la vérité, car selon Boehme, Lucifer désira être son propre Dieu et s'établir au-dessus du vrai Dieu[59]. Non pas seulement se donner comme créateur à l'instar de son géniteur, mais ne dépendre absolument que de soi — en une parfaite autarcie.

Il suit de là que l'art et l'écriture sont davantage qu'une monstration de la vérité ; ils sont aussi une sorte d'auto-position qui fait concurrence non pas seulement à l'état-civil, mais au Tout-Puissant même — à côté de qui ou en face prétend se tenir une autre puissance qui confère forme à la matière et joue au destin avec ses personnages inventés. Rougemont conclut : « En vérité, la volonté, la création, le besoin d'écrire, simplement, coïncide en sa profondeur avec la tentation luciférienne ». Le lecteur est perplexe quant à savoir lequel des trois termes est le sujet de « coïncide ». Il est en droit d'opter pour le plus important et qui détermine les autres : volonté. J'ai parlé d'une autre puissance à côté ou en face de l'Être suprême. Eh bien, cette puissance prend racine dans la volonté, trait de l'être avant de fonder un *faire* quelconque comme celui de créer ou d'écrire. Que signifie alors sa coïncidence, en sa profondeur, avec la tentation luciférienne ? Elle tient en l'auto-affirmation qui définit l'ipséité, l'ultime profondeur de l'homme et sa base certaine car c'est là que se noue la tentation comme son rejet. Il n'y a guère de place pour la thèse d'un art qui n'aurait d'autre but que lui-même.

Rougemont suppose que le Diable prend prétexte du pinceau et de la plume pour insinuer ses idées et motions avec ou

59. *Aurora* XIV, 15, 29, 33 ; *Mysterium magnum*, IX, 6-7.

sans la connivence explicite de l'artiste. Il me semble qu'il n'a pas assez prêté attention à l'encre dans laquelle il a trempé sa propre plume. Ne débute-t-il pas son chapitre par une citation de Gide dont il approuve la teneur : « Point d'œuvre sans la collaboration du démon » ? Je n'entends pas retourner la proposition contre lui rien que parce qu'il déroule des phrases. Je voudrais noter qu'il n'a pas un seul instant soupçonné que la proposition pouvait s'appliquer à l'œuvre de Dieu. Ne manquent pas en effet les penseurs, gnostiques, poètes ou philosophes, qui ne s'expliquent pas la création du monde sans participation de Satan, non pas comme un parasite survenu durant le Samedi ou par après, mais bien dès le premier jour ou même à la conception. Nous devons alors supposer que l'œuvre même suspecte tourne à la plus grande gloire de Dieu, ce qui donne sens au proverbe portugais suivant lequel Dieu écrit droit avec des lignes tordues — que Claudel inscrivit à l'orée de son *Soulier de satin.* Écriture comme Providence, et surtout dans l'âme humaine, cette « forêt obscure » (JS, p. 45).

Il y aurait à distinguer le prétexte proprement dit, la collaboration et l'affrontement. Le prétexte prend la figure de l'à cause de : par exemple, c'est en raison de la chute des anges que l'Éternel créa les humains pour remplacer, par les saints, la cohorte égarée. Heureuse chute qui nous valut d'exister... Thèse incongrue, qu'on peut lire pourtant sous la plume de saint Augustin[60] et de saint Anselme[61]. Il y a collaboration dans la mesure où le facteur méphistophélique de la négativité et de la déchirure est perçu (ainsi que dans le *Faust* de Goethe, chez Hegel et Schelling) comme un ingrédient nécessaire au déploiement de l'être. Quant à l'affrontement, il paraît nécessaire et à la vertu et à l'écriture. Il est remarquable que la

60. *La Cité de Dieu*, XXII, I, 2 ; cf. *Enchiridion* IX, 29.
61. *Cur Deus homo*, I, 16-18.

romancière catholique Flannery O'Connor ait pensé associer les deux dimensions : « La littérature, comme la vertu, ne s'épanouit pas dans une atmosphère où le démon n'est pas reconnu comme existant et comme nécessité dramatique essentielle à l'écrivain »[62]. Associer n'est pas lier. Je suis néanmoins tenté de le faire. La vertu, distinguée de l'innocence[63], se conçoit comme une tentation surmontée. La littérature ne fait émerger la part obscure et la porter au jour que pour en proposer la résolution dans la beauté de l'œuvre, telle un foyer de la grâce. Dans un roman composé par un chrétien, cette grâce, de nature divine, a, selon O'Connor, le démon comme instrument involontaire[64].

Si l'auteur de *La Part du diable* n'a pas le sentiment qu'un principe obscur s'est activé dans le profond jadis lors de la séparation de la lumière d'avec les ténèbres et des eaux d'avec les eaux[65], il a du moins la conviction que ce que d'aucuns appellent l'inspiration et qu'ils expliquent par l'un ou l'autre type de préconscient (comme le moi obscur de Taine bien plus grand que le moi visible), une instance psychique comme l'ombre au sens de Jung qui a des accointances avec « la cité souterraine » et au « Léthé intérieur » dont parle Proust (III, p. 157), et c'est sans doute à quelque chose d'approchant que Gide pensait[66]), l'inspiration, disais-je serait à rattacher à l'in-

62. *Mystères et manières*, in Œuvres complètes, Paris, Gallimard, 2010, p. 870.

63. On peut se demander s'il y a de l'innocence pour Proust, en tous cas dans l'enfance, puisqu'à l'en croire, on y « fait le mal sans le connaître » (JS, p. 705).

64. *Ibid.*, p. 871. Rappelons que pour l'auteur, « notre salut est un drame qui se joue avec le démon » (*Ibid.*, p. 897).

65. Dans le *Traité sur la liberté*, cela porte le nom de « la scission de la lumière et des ténèbres » (L, p. 377). L'homme ne crée pas le mal. Il ne fait que l'actualiser. Schelling rejoint, sur ce point, le *Zohar*.

66. Gide, qui ne croyait pas au diable, voulait que c'était précisément ce que ce dernier, s'il existait, aurait voulu qu'il pensât (voir *Le Journal des Faux-Monnayeurs*, Paris, Gallimard, 1927, p. 124-125). L'idée remonte à Louis-Claude de Saint-Martin en son *De l'esprit des choses* (Paris, 1800, I, p. 263).

tervention de celui que Rougemont appelle « le génial Souffleur ». Un syntagme éloquent. D'une part, la notion de génie qui servait à rendre compte de la puissance créatrice innée de l'artiste en tant qu'elle objective en un produit le résultat du concours des activités consciente et inconsciente de l'esprit humain, notion que la philosophie, l'idéalisme transcendantal en particulier, a su convoquer pour rationaliser le mythe des Muses, filles de Mémoire, en en rapatriant le contenu, eh bien cette notion est remythologisée et, de surcroît, perd sa neutralité morale. D'autre part, tout ce qui relevait de la vérité de l'esprit, que ce fût celui de l'artiste ou celui de Dieu s'exprimant par la bouche de l'artiste, sur un mode mineur (lors que par la bouche du prophète c'était sur un mode majeur), cela est doublement disqualifié : l'inspirateur est transformé en souffleur, lequel anime souterrainement le théâtre du monde dont il est, sinon le prince, du moins le co-auteur. C'est qu'il n'a pas pour office de rappeler opportunément un texte composé par une alerte et diserte Providence. Il y va de ses propres insinuations quitte à modifier le texte initial et à en corrompre la teneur.

Avant d'examiner ce dernier point, je me permets de signaler que la poétologie arabe reconnaît une semence des jinns et des démons dans l'imagination des artistes. Le terme même signifiant le génie en arabe, *'abqariyyat*, provient d'un toponyme, *'abqar*, lieu de résidence des jinns dans la mythologie arabe, suggérant que le pouvoir de l'artiste participe d'une instance surnaturelle. Les poètes de l'âge classique considéraient même que chacun avait un shaytân qui lui susurrait des vers. Ces satans de la poésie avaient des noms propres. Celui d'al-A'shâ s'appelait Musḥal tandis que celui de Bashshâr Ibn Burd répondait au doux nom de Sanaqnâq. Maintenant, Farazdaq prétendait qu'ils se divisaient en deux classes, la première, hawjal, était préposée à la bonne poésie, la seconde, hawbar, à la médiocre. Il arrive que le même vers tienne des deux, le premier hémistiche étant digne d'éloge, de blâme le suivant. Le moyen d'exalter son œuvre ne fut pas malaisé : il suffisait de proclamer que sa muse austère était supérieure à celle de l'autre. Abû l-Najm al-Rajâz a trouvé même l'expédient de déclarer que son satan seul était mâle, affligeant ainsi ceux des autres de la douteuse qualité de femelle.

Rougemont ignora sans doute que nous sont parvenus des poèmes composés par les jinns sans médiation humaine. Les curieux les découvriront dans le fiable ouvrage intitulé Âkâm al-mirjân fî *aḥkâm al-jân.* Si malaisé qu'il soit de concevoir comment deux poètes combinent leurs respectives inspirations pour rédiger un seul et même texte, il n'en reste pas moins qu'avec les surréalistes, la chose a paru possible. Mais il y a mieux et qu'André Breton eût aimé apprendre de source sûre : Farazdaq qui vient de rédiger un quatrain rencontre Jarîr. Il lui récite les deux premiers vers, et l'autre de poursuivre avec les deux suivants. Étonnement de Farazdaq. Jarîr explique : « Ne sais-tu pas que nous avons le même satan ? » Je retiens de 'Abbâs Maḥmûd al-'Aqqâd (chez qui je puise cette historiette) le jugement suivant : « Tout ceci qui, sans nul doute, relève de la mystification, repose toutefois sur une croyance naturelle et répandue : dans toutes les nations, les gens imaginent que les sens occultes ne sont pas sans rapport avec les créatures occultes »[67]. L'ambition d'accéder à une réalité supérieure se traduit par l'admission de son intervention secrète qui donne densité de mystère à l'existence et à l'œuvre.

J'en viens à présent à la corruption du texte dont se rend coupable le génial Souffleur. Rougemont cite à ce propos

67. *Iblîs*, Beyrouth, Dâr al-kitâb al-'arabî, 1969, p. 186.

William Blake : Milton « peint très mal le parti céleste et très bien les cohortes infernales. C'est qu'il était un vrai poète et du parti du Diable sans le savoir »[68]. La sentence n'est pas sans poids lorsqu'on sait que l'auteur du *Paradis perdu* était, en guise de puritain, un ennemi déclaré de Satan. Or voici qu'il l'aurait favorisé. Pour Blake cela est dû au fait que le héros miltonien lui paraît illustrer les meilleures sentences du *Mariage du Ciel et de l'Enfer*, comme « l'Énergie est éternel délice », « la route de l'excès mène au palais de la sagesse » ou « l'orgueil du paon est la gloire de Dieu ». Or la poésie, non pas subrepticement, mais en toute clarté, publie son alliance avec l'Énergie et clame, par la bouche de Blake, que « l'Art est l'arbre de la Vie »[69]. Mais qu'est-ce que l'énergie sinon le *Grund* schellingien, racine du bien comme du mal, « la vitalité suprême » (WA, p. 210) ?

La pointe est, pour Rougemont, dans le syntagme de « vrai poète », à savoir celui qui se laisse envahir par l'œuvre du Diable. Le faux, pour sa part, se contente d'étaler sur sa toile le fruit incolore et insipide de l'entendement[70]. Or juste avant la citation de Blake, Rougemont rappelle la sentence bien connue de Gide : « C'est avec les beaux sentiments qu'on fait

68. La traduction est approximative. Il faudrait : « La raison pour laquelle Milton écrivait dans la gêne quand il parlait des anges et des dieux, et avec aisance [littéralement : avec liberté] quand des Diables et de l'Enfer, c'est qu'il était un vrai Poète et du parti du Diable sans le savoir ». La phrase, qui se lit dans *Le Mariage du Ciel et de l'Enfer,* est citée par Gide dans son *Dostoïevski,* p. 1168.
69. *The Laocoon Plate.*
70. Ce qui signifierait, chez Proust, que manque ici l'instance du génie parmi les personnes superposées dont chacun de nous se compose. On notera que différentes d'elle sont l'instance de l'intelligence et celle de la bonté ! (voir *Contre Sainte-Beuve,* Paris, Gallimard, Bibl. de la Pléiade, 1971, p. 249). S'il y a entre elles ouvertes des voies de communication, elles ne sont pas moins susceptibles de clôture : l'homme « peut parfaitement ignorer ce que veut le poète qui vit en lui » (*Ibid.*, p. 248).

de la mauvaise littérature »[71], laissant à croire que l'immoraliste français rejoint le visionnaire anglais. Mais cela n'est pas. Gide connaissait assez son Nietzsche pour savoir que le mauvais n'est pas nécessairement le méchant. Il est à parier que son jugement était de teneur esthétique. « Mauvaise » : autant dire *médiocre* et *superficielle*[72], telle une capucinade[73], certainement pas *dépravée*. Il est vrai que l'épaisseur peut provenir de la profondeur de l'ombre, mais aussi d'instances supérieures. Le jugement de Gide ne s'applique pas, par exemple, à la théologie. Mais comment s'assurer qu'une mauvaise littérature, comme d'ailleurs la bonne, ne cause pas du tort à son lecteur ? « Racine, au jugement de Julien Green, « a mis en danger bien des âmes. Devait-il ne pas écrire *Phèdre* ? »[74] Proust suggère que le livre, semblable à l'enfant, est donné à tous les hommes qui en recevront « du bien ou du mal » (JS, p. 195). Mais quel serait l'appât ? Le plaisir esthétique que d'ailleurs, tel personnage de *Jean Santeuil*, tient pour supérieur au bien moral (JS, p. 238). Proust n'hésite d'ailleurs pas, dans ces parages, de donner le titre de mal à ce qui *dessèche* l'inspiration et le titre de bien à ce qui *ne l'affaiblit pas*, « fût-ce la pire sensualité » (JS, p. 703 ; cf. p. 705-706). Mais le livre lui-même, bien que nul n'en sache le destin moral, devait nécessairement venir au jour, un peu comme cette poule, dont parle Proust, que « sa nature, sans lui faire connaître si elle réchauffe des œufs de

71. Dans le *Dostoïevski* de Gide : « ...que l'on fait la mauvaise littérature » (*Essais critiques*, p. 1168).

72. Même « méchant » ne veut parfois pas dire plus que « mauvais », comme lorsqu'on qualifie par lui des vers de mirliton. « En ce temps-là j'aimais, et maintenant j'arrange / Mes beaux amours en méchants vers » (Gautier, *Albertus*, LVI).

73. Un Schelling lui décoche une flèche (D, p. 106).

74. *Journal*, 12 mai 1957. « ... avec quoi un roman est-il fait, sinon avec du mal ? » (*Journal*, 29 mars 1957).

poussin ou des œufs de serpent, force pourtant à leur donner sa vie » (JS, p. 825)

En tout état de cause, Rougemont adapte, en la corrigeant, la proposition de Gide : « Ce n'est pas la vraie beauté des sentiments mais leur fausse beauté (donc leur laideur réelle) qui fait de la mauvaise littérature »[75]. Fausse beauté de la morale bourgeoise conformiste qui suscita contre elle « des sentiments pervertis, tout aussi faux que ceux dont ils n'étaient que l'inversion ». Est-ce à dire qu'il y a moyen d'échapper à la toute première sentence du chapitre, également empruntée à Gide, qui veut qu'il n'y ait « point d'œuvre sans la collaboration du démon » ? Y aurait-il sous le soleil une bonne littérature ?

La réponse de Rougemont est qu'il est possible d'en réaliser une, non par la négation de l'œuvre satanique, mais en l'instrumentalisant. Notons d'abord que l'auteur n'envisage pas de sombrer dans l'iconoclasme car il n'est pas question pour lui de renoncer à ce qu'il appelle « les plus sublimes créations de l'esprit » — ce que pourtant Racine fit, lui qui, selon Proust, fut « plus immoral » que Baudelaire (SB, p. 641) et ce à quoi Bloy et Claudel songèrent avant de réaliser, comme Flannery O'Connor, que l'écrivain chrétien a le sentiment que son don initial vient de Dieu[76].

75. On aimerait peut-être connaître la réplique de Mauriac lequel admet que ses créatures naissent du plus trouble de lui-même : « Je suis loin de partager l'opinion de Gide lorsqu'il soutient qu'on ne fait pas de bonne littérature avec les beaux sentiments : on n'en fait pas de meilleure avec les mauvais » (*Dieu et Mammon*, V). O'Connor apporte cette précision : les romans mal écrits n'édifient pas vraiment leurs lecteurs (*Mystère et manières*, p. 902). À l'en croire, l'erreur de la production romanesque dévote est de négliger la concrétude : « Les véritables romanciers, ceux qui savent d'instinct de quoi il retourne, savent qu'il leur est impossible d'approcher de plain-pied l'infini, et qu'il faut pénétrer dans le monde physique des hommes tel qu'il est » (*Ibid.*, p. 895).

76. *Mystère et manières*, p. 823.

Notons ensuite que l'ennemi des hommes ne peut être évincé : « Le Diable est là, s'écrie Rougemont. Il n'est pas seul, mais il est là ». Solution : « Il ne reste plus qu'à le faire travailler autrement qu'il ne l'entendait. Ou disons mieux : à d'autres fins ». Il sera « entraîné vers un but qu'il ignore »[77]. L'essayiste ne semble pas remarquer qu'il songe à traiter le démon comme ce dernier traite les artistes sauf qu'alors que l'un tire le mal du bien, l'autre invite à détourner l'incontournable mal de ses voies afin de l'engager sur celles du bien. Dans les deux cas, sans que le principal intéressé devine la procédure. Beau marché de dupes. Mais peut-on avoir ainsi barre sur le Réprouvé ? N'aurait-il pas la curiosité de parcourir *La Part du diable ?* Manquerait-il de malignité ? Non, mais elle est telle qu'elle l'aveugle car, sa « faiblesse unique, dit Rougemont, est de ne pas croire au bien ». Ce serait s'interdire de donner du crédit tant à la dignité du bien qu'à ses pouvoirs, notamment celui de continuer à écrire droit avec des lignes tordues. Mais n'est-ce pas là sa fragilité, de devoir parfois ou *toujours* écrire avec des lignes tordues quand bien même il serait le bien de Dieu, le Souverain Bien ? Est-il astreint à ne concevoir l'harmonie de l'être qu'à la faveur de son schisme ? Ou serait-ce plutôt sa force que de faire flèche de tout bois ? « Le bon Dieu, disait Claudel, est un être économe qui se sert de tout. Et le mal lui même, il s'en sert pour le bien comme d'innombrables exemples le prouvent »[78]. C'est plutôt par

77. Beau cas d'hétérotélie. Une autre fin (*telos)* advient que celle envisagée. « Toute action a des conséquences dans le monde que l'agent ne connaissait pas. Il s'effraie à la vue des conséquences de son action car, bien qu'il ne les ait pas prévues, il sait qu'elles proviennent de lui » (Jaspers, *Philosophie*, Berlin, 1932, p. 246.)

78. *Mémoires improvisés*, Paris, Idées/Gallimard, 1969, p. 216. « De tout », c'est-à-dire même des moyens les plus compliqués, car pour les plus simples, le Diable, dit Barbey d'Aurevilly, fait aussi bien que Dieu (*Les Diaboliques,* Préface).

motion dialectique plutôt que par réflexe économique : « Dieu qui est Oui emploie le Non contre l'esprit de négation qui occupe l'homme »[79]. C'est donc à lui qu'il revient de faire travailler l'ange rebelle autrement qu'il ne l'entendait et à d'autres fins — et ceci à travers le romancier de chrétienne allégeance qui a connu la Chute à l'instar de tous ses frères humains et du mal reçu une atteinte mortelle.

Un puriste ne manquerait pas de mettre en garde contre tout usage qu'on ferait de l'esprit impur car pourrait être pris qui croyait prendre. L'arme est à deux tranchants. Qui empêchera que l'artiste soit à nouveau « entraîné vers un but qu'il ignore » ? Un renversement ironique a vocation de se reproduire. Est simplement redoublée la duplicité de l'écriture. Satan peut se travestir dans le travestissement de l'auteur. Passions et vanités sont vaincues par la figure candide et christique conçue par Dostoïevski pour *L'Idiot.* Ne soupçonne-t-on pas néanmoins qu'elle présente maint trait satanique ? La belle âme du prince Mychkine ne génère, en son angélisme outré, que la destruction — certainement inintentionnelle et guère pour le plaisir, mais néanmoins la pire de toutes, pour n'être guère animée par l'énergie de la création, ce que Proust appelle « les orages intérieurs où peut seulement jaillir le véritable éclair du génie » (JS, p. 187). Que si un diable prend part à l'acte poétique, fût-il des choses transitoires le sujet ou le souverain, ce ne sera pas une figure satanique qui ne sait que détruire, mais un daïmôn. Paul Tillich a dit là-dessus l'essentiel : « Le démonique est fondé sur une tension entre la création et la destruction des formes qui le démarque du satanique, dans lequel notre pensée voit une force de destruction, mais non de création. (…) Le satanique est le principe

79. Patrice de La Tour du Pin, *le Second Jeu,* Paris, Gallimard, 1959, p. 185.

actif qui dans le démonique agit de manière négative, destructrice, hostile au sens ; c'est le démonique quand on le pense de manière isolée et en le chosifiant »[80]. En revanche, « le démonique comprend toujours le divin »[81]. C'est cela même qui, en Méphistophélès fait le bien malgré lui. Rougemont aurait eu intérêt à distinguer le satanique du démonique lorsqu'il s'est demandé si le Diable pouvait être « un mystère du Bien », car seul le démonique, faustien par exemple, est propre à collaborer à la production artistique. Mystère du bien, mais du bien au sens de l'esthétisme, que celui du daïmôn de Jean Santeuil qui se voit « préposé par la nature à la conservation de quelque dieu habitant en lui dans les marais de son esprit et sur leurs bords », tâche pour laquelle il a reçu « une sensibilité excessivement vive et un égoïsme qui l'empêchait de se donner d'une façon qui eût tué toute une inspiration » (JS, p. 703). On supposera donc que l'égoïsme de l'écrivain fait partie de ces « défauts singuliers » qui « sont le prix dont nous devons payer des qualités particulières » (JS, p. 744). Il nous est loisible de repérer un autre défaut, l'imagination maléfique, celle qui fait avouer qu'« il est possible que les créateurs soient tentés par certaines formes de vie qu'ils n'ont pas personnellement éprouvées », ce qui permet de renoncer à la supputation que Dostoïevski fut un assassin (III, p. 881).

La solution d'O'Connor pour ce qui est de contrer l'opération du démon dans la production littéraire aurait davantage plu à Thomas d'Aquin : « Il faut enseigner aux écrivains à venir que, pour se défendre contre la mainmise du démon sur leurs ouvrages, ils n'auront pas d'armes plus efficaces que la rigou-

80. *Le Démonique,* tr. M. Thibault, in *La Dimension religieuse de la culture*, Paris-Genève-Laval, Cerf-Labor et Fides- PUL, 1990, p. 127.
81. *Ibid.*, p. 129.

reuse attention à l'ordre, aux proportions et au rayonnement de l'œuvre entreprise »[82].

Il y a en chacun une ombre inélucidable, sinon infiniment, un fond de vérité qui veut et ne veut pas se livrer et qui, pour cela finit par se révéler dans son contraire. Mais il n'y a pas que la trahison de son ultime profondeur par l'écrivain. Toute écriture est également exégèse de l'intention du Dieu qui écrit droit avec des lignes tordues. Est à retenir le jugement de José Bergamín : « Ce que Dieu écrit au dedans de nous, seuls les poètes, les artistes, peuvent nous le dire »[83]. Ce que Dieu écrit, ou ce qu'un Dieu écrit ? « Nos rêves, dit Proust, n'ont pas la forme des nues, mais la forme qu'un Dieu leur donne » (JS, p. 572). Et, dans ce cas, quel serait-il ?

82. *Mystère et manières*, p. 910.
83. *L'Espagne et son labyrinthe* suivi de *La Plus légère idée de Lope*, tr. Y. Rouillère, Combas, Éd. de l'Éclat, 1992, p. 175.

Chapitre III

Autoscopie négative et hétéroscopie atavique : Maupassant et Proust

« On ne doit jamais faire une place au mal, si petite qu'elle soit » (Proust, *La Confession d'une jeune fille*).

Des multiples images du corps propre la faculté représentative compose un sentiment unitaire qui peut se perdre au profit soit d'une vision de soi exoplasmé, soit d'une absence totale de la perception de soi dans un miroir. Deux cas d'hallucination, le premier donnant lieu à une autoscopie simple (ou positive) dont le *Double* de Dostoïevski fournit un bel exemple, le second se disant une autoscopie négative (ainsi dans *Les Aventures de la nuit de Saint-Sylvestre* de Hoffmann). Ici dépersonnalisation, là surpersonnalisation. Dans les deux cas, crise de l'identité : deux moi ou disparition du Moi. Affections qui s'observent chez les psychotiques ou lors de délires induits par des substances hallucinogènes.

Le personnage de *La Lettre d'un fou*[84] croit que l'éclipse de son reflet est due au passage de l'être invisible qui s'interpose entre le miroir et lui. En réalité, elle s'explique par un processus psychique dissociatif procédant de l'éclatement du Moi qui s'est permis de transgresser les limites de la représentation (ce sont les termes de l'idéalisme transcendantal), laquelle donne forme et consistance aux données de la sensibilité. Telle est la phrase-clef de la nouvelle : « J'ai fait un effort de pensée surhumain pour soupçonner l'impénétrable qui m'entoure ». Les « univers auxquels notre perception n'atteint pas », selon Proust et « dont nous n'aurons jamais une idée » (III, p. 768), c'est cela même que, par une idée sans contenu et anticipatrice, le personnage de Maupassant entend saisir en tordant son organe comme s'il avait voulu en tirer des sons impossibles. Aspiration erratique à l'infini. Peut-on attaquer une place imprenable ?

De négative, l'autoscopie devient positive lorsque le personnage finit par voir dans « la glace (…) des images folles, des monstres, des cadavres hideux, toutes sortes de bêtes effroyables, d'êtres atroces, toutes les visions invraisemblables qui doivent hanter l'esprit des fous ». Je dis *autoscopie*, car ce sont ses propres profondeurs qui se découvrent à lui à la faveur de la déchirure du moi-peau. Vision de soi comme autre que soi et qui le frappe d'épouvante, autre comme désir inavouable et démon (ainsi que chez Nietzsche[85]) et comme passé à la fois mort et non-mort. Mais il est bien clair que le personnage

84 La nouvelle est publiée par Maupassant dans le Gil Blas du 17 février 1885.

85. « Lorsque je regardai dans le miroir, je poussai un cri et mon cœur fut bouleversé, car ce n'était pas moi que j'y vis, mais la face grimaçante et le rire sarcastique d'un diable » (*Ainsi parlait Zarathoustra,* II, 1).

ne se reconnaît pas dans l'image ayant viré en zooscopie et nécroscopie — de la même façon qu'il ne s'était pas reconnu dans l'autoscopie négative car ce qu'il prenait pour une visibilisation négative de l'Invisible était en fait une dévisibilisation du visible (son Moi) accompagnée d'une angoisse de n'avoir plus droit à l'identité. Lors qu'habituellement le néant tourne le dos au Moi, il lui fait face ici[86].

Il existe également une scopie atavique lorsque l'on découvre en soi ou en autrui des traits ayant appartenu à un ancêtre[87]. Elle ne doit pas passer pour une autoscopie au sens strict du terme car elle ne dédouble pas le sujet dans le même instant. Il y a un certes un rappel, une évocation, mais c'est le même individu qui fait les frais de l'examen. Il en va autrement lorsque la scopie atavique est inadéquate à la physionomie du descendant en sorte que le recouvrement de celle-ci par l'image de celle-là provoque une éclipse du moi, ne serait-ce que partielle. Ce sont en tous cas les termes de Proust dans la séquence suivante : « Du reste sa (Saint-Loup) figure était stigmatisée, pendant qu'il me disait ces paroles vulgaires, par une affreuse sinuosité que je ne lui ai vue qu'une fois ou deux dans la vie, et qui, suivant d'abord à peu près le milieu de la

86. Néant comme néant du Moi. Dans une autre perspective, plus schellingienne, le Néant serait le néant de représentation dû à l'apparition de Pan, « le côté invisible et universel de la nature », qui « cause des frayeurs sans fondement » (SW XIII, p. 439) — avant qu'il ne se mette à susciter une terreur fondée sur la vision de l'aspect sauvage du dieu revenu de son refoulement.

87. Par exemple : « Pendant que je me colletais avec ce jeune énergumène, je fus frappé de lui voir absolument les mêmes yeux qu'au portrait de son infâme trisaïeul maternel, Jérôme Weiss, devenu landgrave de Hütten pendant la guerre de Trente ans, mais qui n'était qu'un pandour, et, sur cette indication précieuse, je lui ai retrouvé, pendant que je rajustais mon habit, les contours de la bouche et la forme du menton de sa quadrisaïeule, Philippine Hartmann, la fille du cordonnier, si lamentablement épousée par amour, et dont son mari ne légitima les enfants qu'à force d'argent prodigué aux conseillers auliques ! » (Gobineau, *Les Pléiades*, I, VIII).

figure, une fois arrivée aux lèvres les tordait, leur donnait une expression hideuse de bassesse, presque de bestialité toute passagère et sans doute ancestrale. Il devait y avoir dans ces moments-là, qui sans doute ne revenaient qu'une fois tous les deux ans, éclipse partielle de son propre moi, par le passage sur lui de la personnalité d'un aïeul qui s'y reflétait » (II, p. 693). Le trait qui demeure latent ne surgit qu'au moment à lui favorable. Beau cas d'hétéroscopie atavique. De même que chez Maupassant, c'est le mal tapi dans le fond qui saisit l'occasion pour surgir. Appelons-le, avec Schelling, « le principe barbare surmonté, mais non point anéanti », mais précisons aussi avec lui, qu'il « constitue l'assise de toute grandeur et de toute beauté » (WA, p. 343), lesquelles il ravagerait s'il montait à la surface[88].

88. Thème de l'*Unheimlichkeit* : « On nomme étrangement inquiétant tout ce qui devait demeurer dans le mystère, dans le retrait, dans le caché et qui en est sorti » (*Philosophie de la mythologie*, SW XII, p. 649).

Chapitre IV

Le mal comme création et la création comme mal dans la philosophie de la liberté de Schelling

> « Rien ne doit être perdu dans ce qui est le comble de la perfection » (Schelling, *Les Âges du monde*).

Dès lors que l'essence, en tant qu'Identité absolue, *est*, — et comment ne serait-elle pas ? — elle se donne dans la forme de l'être, forme qui est l'auto-connaissance de l'Identité. Cette duplication de l'être en sujet et objet n'appartient pas à l'Identité absolue même, mais seulement à ladite forme, principe de la réflexivité et de la différence quantitative. Ce schéma de l'*Exposition de mon système de philosophie* (1801) maintient sa validité lorsque Schelling s'oriente vers sa philosophie de la liberté, mais il doit ménager une place à la décision en sorte que l'Un qui *est* l'être soit aussi le phénomène.

« Il n'y a que l'Un, mais cet Un peut être considéré exactement de la même manière tantôt comme tout à fait idéal et tantôt comme tout à fait réel » (PR, p. 24). Or le Réel qui est à l'Idéal ce que l'existence de Dieu est à son essence est (en tant qu'il est la conséquence de la forme éternelle, médiation qui est elle-même conséquence de l'Idéal) l'objectivation (une Contre-Image ou Réplique : *Gegenbild*) de l'Idéal (le modèle) si bien que la forme apparaît comme ce processus d'auto-connaissance au sein de l'Un qui produit l'être moyennant l'intra-différenciation. Cette dernière toutefois ne fait pas un monde. Alors que le système de l'Identité échoue à expliquer l'origine du fini et du mal, l'extra-différenciation trouve désormais son levier dans la thèse d'une tenue-en-soi et d'une indépendance (*Selbstandigkeit, Unabhängigkeit*) du Réel qui en fait un absolu car l'Absolu ne peut être fond idéal que de ce qui lui est égal, un « autre Absolu » (PR, p. 31). Innovation qui rompt avec la rigide dépendance de l'être par rapport à l'essence qui préside aux destinés du système de l'Identité absolue et en même temps prévient toute assimilation hâtive de l'ontologisation de l'Absolu avec l'émanatisme car l'information du Réel par l'Idéal lui confère la liberté absolue. Liberté simplement potentielle si elle ne pouvait se sentir, s'éprouver comme telle dans l'acte de décision. Mais la décision elle-même ne saurait advenir, que ce soit à la faveur d'une rumination ou dans la précipitation, qu'à la condition d'une saisie préalable de soi en guise « d'ipséité (*Selbstheit*) pour être véritablement l'*autre* Absolu » (PR, p. 39). Or c'est cette même saisie de soi qui provoque la séparation d'avec l'Absolu véritable et par là la chute dans la figure de ce qui se veut soi-même absolument, chute qui n'est pas châtiment, mais le simple effet de la séparation, de quoi résulte la constitution du monde phénoménal.

La liberté de l'Un se communique à l'être absolu et la liberté de l'être absolu produit le monde phénoménal. Autrement dit, l'Identité de l'identité (A) et de la différence (AB) est immédiatement productrice. Mais la chute introduit cette dissociation onto-phénoménologique que, d'une part, l'effectif, le sensible, ne jouit pas d'une plénitude d'être, et, d'autre part, que la liberté qui lui demeure est une liberté finie prise dans les rets d'une nécessité elle-même finie alors que la liberté absolue, d'avant la chute, n'est telle que dans son identité à la nécessité absolue[89].

Or si crucial que fût le rôle de la liberté dans la phénoménalisation des idées contenues dans le Réel, il apparaît, au final, que ce dernier fut poussé à la sortie au dessein précisément de la phénoménalisation. En conférant l'ipséité à ce qu'il intuitionne dans l'acte d'auto-connaissance, l'Un le livre à la finitude et, précise Schelling, « le sacrifie pour ainsi dire » (PR, p. 63) afin que les idées qui n'avaient guère en lui de vie indépendante auto-donnée (*selbstgegebene*) en acquièrent une et reviennent à l'existence absolue en gardant chacune sa spécificité : ainsi particularisées, elles retournent dans l'Absolu « en tant que particulières » (PR, p. 57). Ce qui signifie que dans la sphère spatio-temporelle de la phénoménalité, l'idée est à même de passer de l'unicité à la multiplicité en gardant le bénéfice de l'individuation, ce dont profite l'Un qui, au lieu de seulement contempler en soi l'idée pure sans ses déterminations et infinies actualisations, se déploie éternellement et se connaît dans toute la richesse de sa nature, chaque monade l'explicitant d'une manière singulière, si bien que « la chute devient le moyen de la révélation complète de Dieu » (PR, p. 63) comme Vénus, fille de l'onde amère, féconde le monde

89. Qui n'est pas sans rappeler « cette servitude volontaire » dont parle Proust, qui « est le commencement de la liberté » (SB, p. 140).

en tordant ses cheveux[90]. Tel est le sens et la visée de l'amour intellectuel infini que Dieu se porte (VI, p. 63).

Philosophie et religion nous apparaît aujourd'hui comme un majestueux prodrome des *Recherches sur la liberté humaine* dans lesquelles la liberté comme pouvoir du bien et du mal est également instrumentalisée par l'auto-révélation de l'Un. Le lien entre les deux œuvres se précisera, en amont, par l'examen de la question du fondement (ou raison, *Grund*) de la chute : il ne réside pas dans l'Absolu, mais dans le Réel indépendant et libre. Ce fondement doit être distingué de celui de la *possibilité* de la chute qui, lui, consiste dans la liberté ; or comme cette dernière provient de l'information de l'absolument Idéal dans le Réel, ce fondement s'identifie à la forme et par là à l'Absolu. Reste le fondement de *l'effectivité* : il consiste en cela même qui a chuté. Cette triplicité de fondements se détermine par le haut sans qu'il soit dit si l'Un commande la chute. Celle-ci peut passer pour un accident ou une rébellion dont l'Un n'a pas voulu. Mais nous savons qu'il n'en est pas ainsi. Et dans ce cas, les trois fondements se conjuguent sans solution de continuité du fait même que la chute est éternelle et que l'Un est l'Un Tout.

Considérant cette triplicité dans son aval, nous constatons qu'elle mue en ce Fondement *vivant* et non plus seulement *logique* qui est défini, dans les *Recherches sur la liberté humaine*, comme la nature en Dieu, sa condition, disons aussi sa volonté de révélation. Ce médium (VIII, p. 173) de l'autorévélation de l'Un n'est pas l'Un lui-même, précise Schelling, mais lui est égal en éternité (L, p. 359). Volonté inconsciente, il est désir d'*enfanter Dieu* (L, p. 359), soit, d'abord, en lui assurant la base sur laquelle il se dresserait, ensuite, en se faisant volonté

90. Musset, *Rolla,* I.

de révélation de l'Un comme cosmos, puis en devenant la cause matérielle du cosmos et enfin en suscitant en l'homme l'ipséité capable de perversion laquelle est nécessaire pour que le bien se manifeste dans sa victoire sur le mal, achevant ainsi les œuvres de Dieu. Il hérite des fondements logiques de *Philosophie et religion* en ce qu'il est le Réel, la volonté de révélation de l'Un et ce à quoi prend appui la rupture avec le divin. Il est ici à noter que le philosophe prend soin de noter que le fondement obscur n'est pas le mal, même s'il en offre une racine dans la mesure où la révélation exige l'apparition de l'être-propre et de l'opposition (L, p. 375). « Le mal n'est rien d'autre que l'archi-fond pour l'existence et dans la mesure où il tend à s'actualiser dans un être créé, il n'est donc en fait que la puissance du fond à l'œuvre dans la nature élevée à un degré supérieur » (L, p. 378). C'est dire que le mal est spirituel. Ceci étant, Proust serait peut-être tenté d'accuser Schelling de faire comme Baudelaire qui confia à Satan « le soin d'enseigner la plus profonde théologie » (SB, p. 618) si l'on prend le terme dans sa double acception : le discours de Dieu et à son sujet, car c'est le fondement, par son désir, qui fait advenir le verbe créateur, le Verbe, le mot du désir du fondement, comme on dit le mot de l'énigme (L, p. 361). Dieu est impensable sans la possibilité du mal. Elle lui est intrinsèque et finalement, dès lors que le mal comme tel s'actualise dans la volonté propre de l'homme (le médiateur par excellence), il obtient que Dieu profère son ultime parole.

Dans le dispositif des *Recherches sur la liberté humaine,* la dynamique de l'autorévélation de l'Un repose sur la dialectique de l'Existant et du fondement, le premier identifié comme Dieu. « Le fondement (…) est le désirement qu'éprouve l'éternellement Un de s'enfanter soi-même » (L, p. 359). Or l'Un doit ici être également identifié à Dieu, non certes Dieu oméga (le Deus *explicitus*), mais Dieu alpha (*implicitus*)[91]. Ceci est évident par le fait que le fondement est le désir qu'éprouve cet Un. Or dès lors qu'il y a fondement, il y a un existant. Ce qui me porte à distinguer cet Un du Non-fond (*Ungrund*) dont il sera question vers la fin de l'ouvrage. L'indice en est que Schelling se refuse à le qualifier par la notion d'identité, lui préférant celle d'absolue indifférence en tant que « non-être des oppositions, et qui pour cette raison ne saurait recevoir aucun prédicat » (L, p. 406).

Nous observons ici un retour inattendu à l'esprit et au vocabulaire du système de l'Identité qui se caractérise par un stade de statisme supratemporel. Or l'Un, dans *Philosophie et religion*, jouit également de ce statut en sorte qu'il me paraît tout à fait légitime de proposer une équivalence entre l'Un de *Philosophie et religion* et le Non-fond des *Recherches sur la liberté humaine*. De fait, c'est la même catégorie logique qui explique ici et là le rapport entre l'unité et la dualité. L'écrit de 1804 fait appel au jugement disjonctif qui en posant l'Un comme pouvant être également considéré tantôt comme idéal et tantôt comme réel, déclare qu'il n'est ni celui-ci, ni celui-là tout en étant l'essence des deux (PR, p. 24). Description qui conviendra parfaitement au Non-fond cinq ans plus tard : « Le réel et l'idéal, les ténèbres et la lumière, ou de quelque manière que l'on veuille désigner ces deux principes, ne peuvent jamais être prédiqués du non-fond à titre d'oppositions. Mais rien n'empêche de les prédiquer du non-fond à titre de non-oppositions, autrement dit disjonctivement et chacun *pour soi* » (L, p. 407). Le plus important dans la disjonctivité schellingienne

91. « Je pose que Dieu est le début et la fin, l'alpha et l'oméga. Mais, en tant qu'alpha, il n'est pas ce qu'il est en tant qu'oméga » (D, p. 81). En tant qu'effectivité réalisée comme nature et histoire. Notons qu'il n'y a pas de place, chez Schelling, pour le théologoumène d'une création *ex nihilo*.

n'est pas que les parties de la sphère du concept se complètent mutuellement pour former un tout, c'est que le tout est présent en chacune suivant deux modalités distinctes. L'Absolu, précise le philosophe, est également présent, comme tout, en ce en quoi il se partage (L, p. 408). La nouveauté par rapport à l'Absolu intemporel du système de l'Identité et à Spinoza tient au fait qu'il se divise (*teilt sich*) en deux commencements également éternels (L, p. 408), que l'essence se scinde (*sich scheidet*) en pur fond de l'existence et en pure essence (l'idéal) (L, p. 409). Le statisme supra-temporel ne se perpétue donc pas. Afin d'entrer en devenir, l'Absolu se doit d'abandonner sa posture rigide — à quoi précisément l'Indifférence se prête dans la mesure où elle se conçoit désormais comme la *puissance* d'être ceci et cela. Je suis la remarque judicieuse de Jean-François Marquet : « La disjonction, le et… et…, constitue désormais la vérité profonde de l'indifférence, alors que dans la philosophie de l'identité celle-ci était plutôt pensée sur un mode négatif (ni… ni…) »[92].

L'identité, d'originelle qu'elle était en 1801, devient seconde, acquise en quelque sorte puisqu'elle vaut pour Dieu en tant qu'esprit ayant donc soumis à sa personnalité les deux principes (L, p. 409) qui n'ont été séparés du non-fond que pour être susceptibles, en acquérant condition de pour soi, de s'unir mettant ainsi au jour l'amour, figure supérieure à l'esprit et consommation de l'Histoire.

Le maître-mot n'est plus auto-connaissance, mais auto-réalisation. Le point commun est que, pour l'un et l'autre dessein, le passage par l'individuation et le mal est obligé —ce pour quoi les *Recherches sur la liberté humaine* assument le passage de *Philosophie et religion* portant sur le bénéfice de la

92. *Liberté et existence. Étude sur la formation de la philosophie de Schelling*, Paris, Gallimard, 1973, p. 420.

chute (L, p. 404). Toutefois avec un renversement chrono-logique : en 1804, le mal provoque l'individuation nécessaire au déploiement de la multiplicité ; en 1809, l'individuation produite par le fondement aboutit au mal permettant au bien divin d'émerger en opposition à lui.

La question est de savoir pourquoi l'être reçoit deux réponses : l'être est d'abord l'existence de Dieu, que cette existence soit logiquement postérieure à Dieu (dans *Philosophie et religion*) ou antérieure (dans les *Recherches*) ; l'être est ensuite ou bien le moyen de l'auto-connaissance de Dieu, partielle ou totale, ou bien le moyen de la complète auto-réalisation de Dieu.

Les Conférences de Stuttgart délivrées en 1810 reprennent nombre d'acquis des *Recherches*, mais en les inscrivant dans un cadre systématique. Leur principale contribution pour le problème qui nous occupe consiste dans une précision précieuse concernant la scission de Dieu (qui remplace le non-fond). Le bris de l'identité absolue de l'essence est dû à un acte libre quoique non déterminé par un choix (SW C, p. 429) ; et surtout le bris n'est pas une scission en soi purement et simplement, mais une scission de soi (*von sich scheidet*) (C, p. 433). C'est en effet Dieu qui de lui-même s'arrache à l'indifférence où il se trouve dans la confusion de l'inconscience et qui, par un acte décisif, exclut de son essence ce qui en lui est le plus bas, la *materia prima*, et qui deviendra l'être (*Seyn*) qu'il affermira en se séparant du plus haut par un acte de contraction (C, p. 435). L'être ainsi déterminé n'est autre que l'être de Dieu, un nouvel avatar du Réel et la nouvelle figure du fondement, nouvelle car il ne possède pas la volonté de révélation puisque Schelling le confine dans le statut de l'égoïsme divin (ce juge du mal ontologique, du mal comme révélation de ce qui ne mérite pas d'exister) et confie l'auto-communication à Dieu même considéré comme *amour*. S'il n'y avait en Dieu que le premier principe, « la force par laquelle Dieu subsiste à titre d'être » (C, p. 440), il n'y aurait aucune créature, le feu de l'individualité aurait consumé toute chose. Précisons : il n'y aurait pas eu de Dieu au sens propre. C'est par le second qu'il est l'être de tous les êtres (*Wesen aller Wesen*). La création commence donc par le surmontement du premier par le second, un *refoulement* (voir C, p. 434) sans abolition (cf. W, p. 51) puisque sans la force contractive Dieu serait amené par l'effet de sa propre force expansive à s'épuiser dans son extase. L'œuvre de la subordination produit la nature telle que nous la connaissons, car l'être (*Seyn*) en Dieu y est tempéré par l'amour (C, p. 439). *Nemo contra Deum nisi Deus ipse*. À l'adage cité par Goethe à l'orée du livre IV de *Poésie et vérité* le philosophe ajoute la nuance d'une complémentarité reposant sur une opposition réduite.

Jusqu'à présent, Schelling n'a fait que poser ce qu'il appelle, tantôt Unité originelle (*Ur-Einheit*) (IV, p. 425), tantôt Identité, parfois Indifférence, et finalement Sans-fond. Les moyens lui ont manqué d'en proposer une conception encore plus originaire, si cela pouvait être possible. C'est pourquoi il faut saluer l'effort surhumain entrepris dans les Âges du monde de dégager le site de l'Essence originelle (*Urwesen*) par-dessus l'être, là où, par-dessus toutes choses, plane l'éternelle liberté. Or ce qui est supra-ontique doit passer pour non-ontique, un néant. Ce qu'assume Schelling : « Assurément, c'est un néant (*Nichts*), mais comme la pure liberté est un néant ; comme la volonté qui ne veut rien, qui ne désire aucune chose, à laquelle toutes choses sont égales, et qui de ce fait n'est mue par aucune. Une telle volonté est néant, et elle est tout. Elle est néant dans la mesure où elle ne désire pas devenir elle-même efficiente, ni aspire à aucune effectivité. Et elle est tout parce que c'est d'elle seulement, comme éternelle liberté, que vient toute force, parce que toutes choses sont au-dessous d'elle et qu'elle règne sur tout, elle sur qui rien ne règne » (W, p. 15). Parce qu'elle n'espère rien et ne craint rien, elle est qualifiée de « pauvre » (W, p. 15), qui n'est qu'une manière d'exprimer la chose, une autre consistant à dire qu'elle est riche dès lors qu'elle n'a rien à convoiter (W, p. 15).

Pour caractériser la limpide simplicité de l'essence, Schelling préfère au terme de Maître Eckhart, *déité* (Gottheit), celui d'Angelus Silesius : *sur-déité* (*Ueber-Gottheit*) (W, p. 16). La sortie dans l'être s'avère effectuation de Dieu. On se rappelle que les *Recherches sur la liberté humaine* avaient posé une auto-scission du Sans-fond en deux commencements éternels. C'est en amont que Schelling conduit à présent son enquête. Elle doit maintenant porter sur ce qui, en l'Essence, fermente ; je dis *fermente* car seul un mouvement interne est ici concevable. Fermentation qui, en sa première impulsion, est rêverie, un se rechercher et un se trouver encore inconscients, mouvement qui engendre le « désir (*Lust*) de se posséder et de se reconnaître (*erkennen*) extérieurement » (W, p. 17). En d'autres termes, l'unité absolue qui n'est pas encore sujet ou objet aspire à cette extériorité afin de se pouvoir connaître. C'est le trait caractéristique de l'inconscient que de pressentir[93] la conscience et d'y aspirer, ce qui est de nature à produire la volonté qui tend à l'existence laquelle s'engendre d'elle-même. Nous avons alors deux volontés, la première qui ne veut rien, l'autre, déterminée, qui veut quelque chose, être. L'être dont il est maintenant question n'est pas le monde, il s'agit de l'être de Dieu même. Pour cette raison, l'être se définit comme force contractile distinguée de l'amour qui est une force expansive. L'amour par lui-même,

93. *Ahndung*, L, p. 359 ; sur le pressentiment et désir de la connaissance cf.W, p. 4, 113, 138.

en son effusion infinie, ne produit pas l'existence car cette dernière exige l'ipséité, la propriété (*Eigenheit*).

La volonté propre ou égoïsme servira de fondement à l'amour. À l'expansion indéterminée (qui advient à soi comme volonté de révélation) fait pendant ce qui veut du déterminé. Deux principes germent donc dans l'Absolu, l'un qui relève de l'Essence, et l'autre de l'Être, par la collaboration desquels une création portant les effets de la détermination pourra être effectuée. Le premier ne veut rien pour soi tandis que le second s'affirme dans son être-propre comme égoïsme. C'est le jeu de l'expansion et de la contraction qui provoque la création. Schelling entend d'abord faire droit à la force contractile : « Tout un chacun reconnaît que la force de contraction constitue le commencement proprement efficient de toute chose. Ce n'est pas de ce qui se déploie sans difficulté mais de ce qui est refermé, et ne se résout qu'avec résistance au déploiement qu'on peut attendre la souveraine majesté du développement. C'est cette force archaïque et sacrée de l'être (*uralte heilige Kraft des Seyns*) que la plupart se refusent de reconnaître, qui voudraient la bannir dès le commencement, sans même lui laisser le temps de se surmonter elle-même pour céder à l'amour qu'elle porte et met au monde » (W, p. 50). Il n'y a pas d'être possible sans cette puissance de l'être-soi car l'amour privé de la force centripète s'évaporerait. Inversement, il n'y a pas monde possible sans amour car la puissance de l'être-soi livrée à elle-même préviendrait toute floraison de la créature, et empêcherait par là l'actualisation de Dieu comme Essence de toutes les essences (W, p. 19). Il est toutefois à noter que c'est par cet être soi primordial qu'il y a du mal dans le monde. Le règne de l'amour ne saurait être sans partage — présentement du moins : « L'homme est très naturellement enclin à penser que tout dans le monde devrait consister en pure bonté et en pur amour ; et pourtant, c'est du contraire qu'il ne tarde pas à s'apercevoir ; un être réfractaire fait partout irruption, face auquel le Bon ne parvient qu'à peine et avec peine à être effectif » (W, p. 239).

N'est-il pas paradoxal que la volonté regimbe qui aspira à l'être — comme si elle renonçait à sa propre nature ? La raison de ceci tient au fait qu'en se posant comme être au sein de l'Absolu, elle se pose nécessairement comme être-propre, et c'est à cet égard qu'elle exprime des réserves à l'endroit de toute autre prétention à l'être car c'est le créaturel qui prend figure, dans ce schéma, de mal ontologique. « Il y a dans la première effectivité un principe irrationnel qui résiste à toute explicitation, hostile, donc, à la créature, et qui en Dieu constitue la force proprement dite » (W, p. 52), force à réprimer, à refouler sans possibilité de l'anéantir car elle doit finir par constituer la base de la vie divine. Il est comparable en ceci à la position qu'occupe Méphistophélès, chez Goethe, dans le dispositif divin : « esprit qui toujours nie » ; il en donne la raison : « car tout ce qui existe mérite de périr »[94], c'est-à-dire d'être rapatrié dans le fond suivant une pulsion qu'avec Gabriel Marcel on pourrait qualifier de « téléologique à rebours », et qui serait le fait « d'un principe qui serait orienté (…) vers la destruction de toute finalité positive »[95]. « Tout ce qui régresse vient du Malin », énonce Schelling de son côté (W, p. 54). À quoi s'oppose précisément l'amour lequel, aspirant à la révélation, « pousse l'Essence originelle à renoncer à sa réclusion » (W, p. 57) kronienne (cf. W, p. 69). Mais comme nous le savons déjà l'amour à lui seul ne peut créer, il lui faut user de la force de résistance (comme Schelling l'a établi dans les *Recherches sur la liberté humaine*) nécessaire à la formation d'individualités déterminées, dotées d'ipséité, et pour ce faire,

94. *Faust*, v. 1338-1340.
95. *Présence et immortalité,* Paris, Flammarion, p. 79 ; cf. p. 89.

doit l'avoir surmonté (überwunden) et instrumentalisé (l'abolir est tout à la fois impossible et néfaste) (W, p. 51) afin de devenir, dans leur union, volonté créatrice.

On se croira ici enfin parvenus au point où les *Recherches sur la liberté humaine* pourraient prendre la relève car la volonté créatrice y est conçue comme expression souveraine du lien entre l'entendement et le désir (L, p. 361). Mais tel n'est pas le cas. Trois étapes précèdent encore, dans les Âges du monde, la création du monde proprement dite. Dans la première, les deux volontés unies sont plongées dans un état d'euphorie, chacune tempérant l'autre et chacune se réjouissant de trouver l'autre et d'être trouvée par l'autre, l'unité elle-même parvenant enfin à s'éprouver elle-même en l'Existant à qui se révèle la merveille de sa propre Essence en ses innombrables archétypes (W, p. 30-31). Pour ce qui concerne son efficience, cette étape est brièvement consignée dans les *Recherches* où la résistance de la force contractile fait qu'émerge une image réfléchie de tout ce qui est contenu *implicite* dans l'Essence (L, p. 396). Mais rien n'est dit alors du « jeu de délices » (*spielende Lust*) qui eut lieu dans la vie initiale de Dieu et pour laquelle Schelling emprunte des traits à la Sagesse vétéro-testamentaire qui était auprès de Dieu avant la création du monde (W, p. 30). Cet état ne saurait durer, non pas que la création rompe immédiatement cette rêverie, mais l'unité se sent en opposition avec l'être (*Seyn*) qui la comprime et ceci à l'encontre de sa nature diffusive. La limpidité aspire à retrouver sa liberté primordiale à quoi réagit la volonté propre en se ramassant sur soi. Il se produit dans la volonté existante une alternance de deux mouvements d'expansion et de contraction, contradiction qui produit une rotation infernale au cours de laquelle la matière se forme à partir de la contraction qui est incorporation (*Verkörperung*) (W, p. 36). Schelling définit en ces termes la passion de la divinité : « Toute souffrance vient de l'être et de lui seul, et comme chaque essence doit commencer par s'inclure dans l'être et percer hors de l'obscurité de celui-ci pour rayonner, l'essence divine elle-même n'est pas quitte de toute douleur : il lui faut pâtir de célébrer le triomphe de sa libération » (W, p. 40)[96] — laquelle n'advient que dans une troisième étape, par le moyen d'une décision, occasion de la génération du Fils qui, à l'instar du Verbe dans les *Recherches*, est le mot du désir (*Sehnsucht*) comme on dit : le mot de l'énigme (L, p. 360). L'objectif de Schelling est ici et là de maintenir l'unité de la divinité au sein même de l'apparition de la dualité : « Si l'Un se mouvait de lui-même de l'unité à la dualité, ce serait la perte de l'unité. Mais la dualité doit être, et l'unité ne doit pas moins subsister », ce qui advient par le dédoublement de Dieu en lui-même en sorte qu'apparaisse « une autre personnalité de Dieu, distincte certes de l'Existant, mais non de lui-même », ce qui implique un engendrement et non pas une division ou une séparation, ce par quoi Schelling reste fidèle à *Philosophie et religion* où le Réel (l'Existence), autrement dit le Fils, l'Autre Absolu, est la Réplique de l'Idéal (Dieu).

Il y a chez notre philosophe un mystère de l'Un insondable, et un second mystère, celui de la naissance du Deux, principe de la phénoménalité et du mal humain. Mais dans le Deux lui-même gît un troisième mystère, cette retenue en soi, cet égoïsme qui se donne l'idée d'un mal ontologique de la créature, laquelle paraît mauvaise *a priori*[97]. C'est l'articulation de ces trois mystères dans la période qui va de 1804 à 1811 qui a fait l'objet du présent chapitre.

96. La frappante description de la passion agonique de l'*Urwesen* mériterait une explicitation propre.
97. Dieu n'a pas besoin de se projeter dans le futur pour prendre la mesure du mal ontologique. Il ne le fait que pour apprécier le mal moral dont l'homme se rendra coupable.

Chapitre V

Un schellingisme de Proust ?

Anne Henry a défendu la thèse d'un schellingisme de Proust tant pour *Jean Santeuil* que pour la *Recherche*. Luc Fraisse a fait justice de cette thèse dans son *L'Éclectisme philosophique de Marcel Proust* (Paris, PUPS, 2013, ch. V).

Le modeste objet de cet appendice consiste à faire la lumière sur l'authenticité du Schelling d'A. Henry et le possible rapport de la philosophie de Michel Henry à la conception qu'elle se fait d'un Schelling ayant influencé Proust, tâche qui est facilitée par ceci que *L'Essence de la manifestation* comporte des pages sur le philosophe allemand

Une première remarque, d'ordre formel : alors que M. Henry réserve son attention au *Système de l'idéalisme transcendantal* qui est de 1800, A. Henry intègre à son analyse des éléments qui sont propres au système de l'Identité, comme les *Leçons sur la méthode des études académiques* (1802) et le *Discours sur les arts plastiques* (1806) (… *du dessin* dans la traduction de Bénard suivie par A. Henry).

Deuxième : parce qu'elle ne prend pas en compte l'hiatus entre les deux périodes, A. Henry mélange les incompatibles, faisant passer pour une philosophie de la nature une pensée qui relève entièrement du transcendantal. Une phrase comme celle-ci laisse perplexe : « La philosophie professée par Séailles dans son ouvrage théorique de 1883 est une philosophie de l'identité et de la nature, c'est-à-dire qu'il y reproduisait en gros cette philosophie de l'art qu'on a appelée la première philosophie de Schelling »[98]. Outre qu'une philosophie de l'identité et de la nature ne saurait être une philosophie de l'art, mais à la rigueur en comporter une (ou mieux dit : l'Identité peut *s'exposer* dans l'art comme dans d'autres figures de l'esprit, et dans la nature), il reste à se demander à quelles années correspond le label de première philosophie de Schelling. Sans doute pas à la période fichtéenne (1795-1796), mais alors que dire de la philosophie de la nature des années 1797-1799 ? Question : le premier chef-d'œuvre, le *Système de l'idéalisme transcendantal* qui est de 1800, et qui fait précisément pendant à la philosophie de la nature récemment développée, fait-il ou non partie de la première philosophie ? Le certain est que la géniale section sur la création artistique dudit Système ne saurait concentrer sur sa tête la désignation de philosophie de l'identité et de la nature qui, telle quelle, ne peut valoir que pour les années immédiatement postérieures à sa publication.

La confusion des périodes fait se télescoper deux conceptions de l'art, l'une qui demeure dans le champ de la subjectivité dont l'art exhibe l'identité sous-jacente aux deux acti-

98. *Marcel Proust. Théories pour une esthétique*, Paris, Klincksieck, 1981, p. 81.

vités consciente et inconsciente, le véritable en soi humain, l'autre manifestant les idées, l'Absolu même (ou Dieu) sous un exposant particulier. Lorsque A. Henry écrit que « partout auparavant, depuis Platon, l'art le cède à la philosophie. Ici il représente l'activité suprême parce qu'il permet à l'esprit qui est liberté, pouvoir d'unification, conscience, de se percevoir comme identique à la nature, elle qui par sa diversité, son inconscience, sa soumission à la nécessité semble être à l'opposé » (p. 84), elle renvoie clairement au *Système de l'idéalisme transcendantal*. Mais lorsqu'elle ajoute que « la Nature utilise l'artiste comme médiateur » (p. 84), elle emprunte au système de l'Identité. La question se pose de savoir ce qu'on entend ici par nature. Dans la section sur l'art du *Système de l'idéalisme transcendantal*, la nature comme cosmos n'est pas partie prenante. C'est seulement par analogie que l'activité inconsciente de l'esprit se rapproche de celle de la nature. Ce n'est nullement la nature (cosmos) en tant que telle qui agit dans la production artistique. L'Inconscient ne désigne pas la Nature, contrairement à ce que pense A. Henry (p. 271), mais une dimension de l'esprit. Or dans le passage de *Jean Santeuil* (contracté par ses soins) où il est déclaré que « la nature sait où est ce que nous avons à exprimer et nous y conduit à coup sûr » (JS, p. 397), il est clair, d'après le contexte, que « nature » désigne ici cette réalité universelle dans laquelle nous baignons et non l'esprit humain.

Preuve de la confusion entre la subjectivité et l'extériorité de la nature, l'erreur dans une citation de Schelling : « … l'artiste attribue la solution complète de la contradiction, non à lui-même, mais à une faveur de la nature, qui, après avoir soulevé si inexorablement en lui cette lutte intime, le délivre avec une générosité de la souffrance qu'elle entretient » (p. 266). Or ce n'est pas « de la nature » qu'il faut lire, mais « de sa nature », en l'occurrence de l'esprit. L'erreur ne provient pas de la traduction de Grimblot, mais du télescopage qui est le fait d'A. Henry.

De même, la notion de destin dans la production artistique sur laquelle A. Henry insiste (p. 128) n'est introduite par Schelling qu'à titre comparatif. Notons ici que, contrairement aux présupposés « romantiques », la production artistique ne débute pas par l'inconscient. A. Henry croit pourtant le découvrir chez Schelling : « ...à l'Inconscience de l'inspiration succède la Conscience exigée par le travail »[99]. Valéry y acquiescerait peut-être, guère Schelling pour qui la production commence dans la liberté (donc la conscience séparatrice) pour s'achever dans la nécessité (dans l'agir sans conscience)[100].

Troisième remarque : Du côté de M. Henry, on ne trouve pas de quoi alimenter la lecture que fait A. Henry de Schelling à une seule exception près.

Il est d'abord à noter que Schelling est rangé dans la considérable troupe des penseurs du monisme ontologique contre lequel *l'Essence de la manifestation* brise des lances. La scission du sujet et de l'objet à laquelle la conscience contraint l'être présuppose comme son socle l'immanence de la vie présente à elle-même et indissociable de soi. Or M. Henry ne lui fait aucun mérite d'user de la scission pour asseoir une théorie valide de la création artistique.

De son côté, A. Henry ne dénonce pas la conception schellingienne de l'art pour développer une autre qui serait fondée sur la philosophie de l'immanence, ce que son époux

99. *La Tentation de Marcel Proust,* Paris, PUF, 2000, p. 153.
100. Dans la traduction de Grimblot (Paris, 1842), p. 451-452 ; dans l'édition allemande de référence SW III, p. 614-615.

ne fera qu'un lustre au moins après la parution de l'ouvrage sur Proust.

Toutefois, l'extension hors du champ de la conscience de la notion de scission, chez Jacob Boehme, c'est là une idée qu'A. Henry a trouvée chez M. Henry qui lui a légué, par la même occasion, une erreur, celle d'imaginer une influence du génial philosophe teutonique sur le *Système de l'idéalisme transcendantal*[101] (p. 84) alors que Schelling ne l'a découvert qu'à partir de 1804. Une dernière remarque à cet égard : la sentence de Schelling citée pour étayer la thèse de la nécessaire dispersion est mal reproduite : On lit : « La nature est l'unité par laquelle les choses ou les idées s'éloignent de l'identité comme de leur centre » (p. 84). Alors qu'il faudrait : « La forme de la nature (…) est l'unité, etc. »). Ce qui évidemment ne revient pas au même. Le montrer nous entraînerait trop loin.

101. *L'Essence de la manifestation*, Paris, PUF, 1963, p. 98.

Appendice

L'abîme le plus profond et le ciel le plus élevé

« ... avec cet absolu de l'âme » (*Jean Santeuil*).

Lorsque dans son essai sur *La Beauté dans la nature,* Vladimir Soloviev évoque la beauté du ciel étoilé, supérieure à celle d'une journée ensoleillée comme à celle du ciel clair, il fait observer qu'il maintient le terme de « beauté » au lieu de recourir à celui de « sublime » que l'esthétique allemande privilégie dans pareil cas[102]. Du ciel étoilé Kant dit en effet qu'il offre le spectacle le plus merveilleux que les sens de l'homme puissent percevoir, et l'entendement supporter pour peu qu'il veuille s'en représenter la vaste étendue[103]. Que l'homme soit, comme l'affirme Paracelse en son *Astronomia magna*, « le ré-

102. *Le Sens de l'amour. Essais de philosophie esthétique*, Paris, tr. fr., O.E.I.L, 1985, p. 194.
103 *Critique de la raison pratique*, Ak. V, 162.

vélateur de toutes les choses cachées », entreprise progressive, mais qui ne manquera pas de se faire[104], ne lui donne pas pouvoir d'une panoptique détaillée. Derrière nous est le temps où la contemplation du ciel par les Grecs les assurait d'une totalité intelligible. Dorénavant, ce qu'on voit dans la forme du tout, ce ne sera jamais que du particulier. Le tout excédera toujours l'appréhension et, pour revenir au firmament, en raison de sa profondeur suggérée, l'infini fourmillement des lumières ne saurait être tenu sous un regard. Une lumière ne fera qu'annoncer d'autres. Jacint Verdaguer l'exprime merveilleusement dans son poème précisément intitulé *Plus ultra* :

> « Là au-delà de l'espace
> j'ai vu sourire une étoile
> égarée dans le champ du ciel
> comme un épi en temps de moisson,
> comme dans le profond du gouffre
> une éphémère luciole.
> — Petite étoile, lui ai-je dit,
> joyau de la mer céleste,
> des fleurs du haut jardin
> serais-tu la dernière ?
> — Je ne suis pas la dernière, non,
> je ne suis qu'une lanterne
> de la porte du jardin
> que tu as cru être la frontière.
> Il n'est que le commencement
> ce que tu as pris pour le terme.
> L'Univers est infini,
> partout il achève et commence
> et ça et là, en haut et en bas,

104. *Sämtliche Werke*, I. XII, München, Oldenbourg, 1929, p. 60-61.

l'immensité est ouverte
et là où tu vois le désert,
essaims de mondes fourmillent.

Des chemins de l'infini
les mondes sont la poussière,
qui monte et descend à ses pieds
quand Jéhovah s'y promène »[105].

L'étymologie du latin *sublimis* implique un envol ou une suspension en l'air et, partant, la notion de hauteur : les colonnes « sublimes » sont des colonnes élevées et grands sont les hommes pareillement qualifiés. Tout en préservant ces notions, le verbe *sublimo* se colore de la nuance de glorification : le héros sublimé est un héros exalté. Mais on n'oubliera pas, dans notre contexte, les « sublimae caeli », qui, chez Lucrèce, désignent les hautes régions du ciel[106]. On ne manquera donc pas d'approuver l'envolée lyrique de saint Augustin : « Tu vois le ciel, et tu es dans l'effroi ; tu considères la terre, et tu es dans la stupeur ; comment embrasser par la pensée l'étendue des mers ? Considère ces étoiles innombrables ; considère ces germes si nombreux, ces animaux si divers, et ceux qui nagent dans les eaux et ceux qui rampent sur la terre, et ceux qui volent dans les airs, et ceux qui marquent leur passage dans les cieux, combien tout cela est grand, est admirable, est surprenant de beauté ! »[107]

Rien donc, pour le moment, qui interdise de constater de la beauté dans l'objet ou la personne sublimes. Il reste que l'on ne saurait confondre les deux notions (ou expériences).

105. In *Al Cel* (*Totes les Obres de Jacint Verdaguer*, IV, Barcelona, 2006, Proa. p. 492). Traduction de Lourdes Godoy.
106. *De la nature des choses*, I, 340.
107. *Commentaire du Psaume 145*, §12.

La grandeur n'est pas un ingrédient nécessaire de la beauté fût-elle morale. L'âme qu'on qualifie de belle touche à la candeur qui est le propre de la spontanéité morale ; elle peut être admirable sans dénoter le surcroît d'être qui fait la grandeur d'âme. Je pense évidemment à la définition de l'auteur du *Perí hypsous* qui nous est parvenu sous le nom de Longin : « Le sublime est l'écho de la grandeur d'âme » (IX, 2). La belle âme est à la grande ce que la nature harmonieuse est à la surnature imposante et ce qu'une constellation est à la Voie lactée. Bien que les deux âmes soient objet d'admiration, il se mêle dans l'appréciation de la seconde cet étonnement qui vous saisit devant ce qui déconcerte la norme au lieu que l'approbation qu'appelle la première se ramène à une reconnaissance de l'origine virginale de la norme. De là vient que dès lors qu'elle dépasse la mesure, la grandeur engendre la stupéfaction admirative comme lorsqu'on lit l'immortelle jaculation de Saint-Just : « Je méprise la poussière qui me compose et qui vous parle ; on pourra la persécuter et faire mourir cette poussière ! Mais je défie qu'on m'arrache cette vie indépendante que je me suis donnée dans les siècles et dans les cieux... »[108] Et elle engendre plus d'horreur que de contentement si ces mêmes cieux, ne reconnaissant pas une telle vie indépendante, la restituent brutalement à la terre.

La pensée qui surmonte les confinements de la perception est proprement sidérée par l'infinité de l'univers. On comprend qu'elle puisse hésiter devant l'abîme, et même reculer, ce que fit Kepler : « Cette pensée porte avec elle je ne sais quelle horreur secrète ; en effet, on se trouve errant dans cette immensité à laquelle sont déniés toute limite, tout centre, et

108. *Œuvres complètes de Saint-Just*, II, Paris, Fasquelle, 1908, p. 494.

par là même tout lieu déterminé »[109]. L'immensité d'un horizon indéfiniment ouvert et de surcroît inintelligible est, par la disparition de tout point de repère, source de vertige, ce dont Pascal eut le sentiment : « Le silence de ces espaces infinis m'effraie » (Br. 206). Le Je qui est effrayé a pris la mesure et de sa finitude et de sa solitude comme être pensant : « Quand je considère la petite durée de ma vie, absorbée dans l'éternité précédant et suivant le petit espace que je remplis et même que je vois, abîmé dans l'infinie immensité des espaces que j'ignore et qui m'ignorent, je m'effraie et m'étonne de me voir ici plutôt que là, pourquoi à présent plutôt que lors. Qui m'y a mis ? Par l'ordre et la conduite de qui ce lieu et ce temps a-t-il été destiné à moi ? » (Br. 205). Le lien de l'inconcevabilité et de la disproportion, tel est le vivier du sublime pascalien qui, pour finir, fait l'homme lui-même, tel que situé dans l'univers, une source de sublime, non pas l'homme qui est le plus inquiétant des êtres, suivant la tragédie grecque[110], mais celui qui est encerclé par une double infinité, de grandeur et de petitesse : « Qui se considérera de la sorte s'effraiera de soi-même et se considérant soutenu dans la masse que la nature lui a donnée entre ces deux abîmes de l'infini et du néant, il tremblera dans la vue de ces merveilles et je crois que sa curiosité se changeant en admiration il sera plus disposé à les contempler en silence qu'à les rechercher avec présomption » (Br. 72). Contemplation dont la figure est de stupéfaction.

Pour admirer, on n'en est pas moins écrasé. *Fugacité* est le titre d'un poème de Joan Sales qui comporte ce vers remarquable :

109. Cité in Alexandre Koyré, *Du monde clos à l'univers infini*, Paris, Idées/Gallimard, p. 86.
110. Sophocle, *Antigone,* 332.

« Sirius regarde comme l'œil des anges triomphants »[111].

Il suffit que l'homme s'imagine observé par la plus brillante des étoiles de son firmament pour qu'il se sente pulvérisé et même davantage puisqu'un autre vers du même poème déclare :

« Les siècles passeront. Ce corps ne sera pas même poussière ».

La chose sublime a beau surprendre, qu'on croit survenue du plus lointain, elle ne laisse pas de fasciner du fait qu'elle exprime l'intrigue de la transcendance en l'homme, sans laquelle une admiration ne trouvera guère de site en lui. Il est déjà poussière et moins, mais il est en droit de s'estimer observé par les anges triomphants, dût-il pour cela passer en jugement. Kant disait, à juste titre, que le sublime de la nature (lequel se déclare dans les phénomènes qui provoquent l'intuition de l'infinité de l'univers) nous porte à ressentir *en nous-mêmes*, une finalité tout à fait indépendante de la nature[112] et qui nous fait découvrir notre supériorité par rapport à elle. Quant il évoque le pouvoir de l'esprit dépassant toute mesure des sens, pouvoir qu'exhibe l'absolument grand dès lors que pensé[113], il signale l'orientation (qui définit l'homme) vers l'Inconditionné.

De là vient qu'une célébration du sublime retentit dans les cavernes de l'esprit humain, et qu'un appel lui soit lancé — ainsi

111. *Viatge d'un moribund*, Barcelona, Club Editor, 2013, p. 67.
112. *Critique de la faculté de juger*, § 23.
113. *Ibid.*, § 25.

que dans le début d'un poème de Joan Vinyoli — pour qu'il prenne l'ascendant :

> « Arrête le vol, élargis-toi, Orion,
> crée plus de nuit ; qu'en lui puisse s'égarer
> cette vie qui a été faite
> tout d'un coup en moi ».

Le poète semble faire allusion à un Orion catastérisé, transmuté en constellation. Mais bien que sublimé par rapport à ce qu'il fut, le personnage mythologique peut l'être davantage, jusqu'à l'éclatement. En effet, une constellation ne s'élargit qu'en augmentant l'espace qui sépare les astres dont elle est constituée. À mesure de sa croissance, la masse noire interstellaire crée en effet plus de nuit, laquelle est sublime dit Kant, alors que le jour est beau[114]. C'est à une expérience d'une grandeur immense, et bientôt absolue, que s'invite donc le poète. Absolue, car il aspire, comme il dit, à s'égarer dans le vol arrêté. Contraste entre deux instantanéités, celle de l'éternité et celle de l'accès à l'existence. Dès lors que s'arrête le vol, qu'il se fixe, la constellation s'installe dans un éternel maintenant. Quant à la vie personnelle qui s'égare dans cette fixation, elle fut donnée dans un instant : il a suffi d'un clin d'œil pour passer du néant à l'être. Il suit de là qu'une instantanéité passe dans l'autre : celle de la vie du poète dans celle du vol d'Orion à la faveur de la nuit multipliée — de quoi susciter l'épouvante, en raison de l'obscurité, mais parce qu'elle est marque ou sinistre promesse d'indétermination, de perte de tous les repères.

Si saisissant que soit le spectacle du ciel étoilé dont Bételgeuse n'est pas le moindre joyau, il y a plus grand car le poète demande qu'Orion s'élargisse, ce qui signifie dans les

114. *Observations sur le sentiment du beau et du sublime*, I (Ak II, p. 208-209).

termes de l'idéalisme transcendantal une extension de la sensibilité qui aille à l'infini, au-delà donc même de sa capacité. Demande qui est le fait de la raison : « Ce qui est effrayant pour la sensibilité et cependant en même temps attrayant : c'est qu'en ceci la raison exerce avec violence sa puissance sur la sensibilité, à seule fin de l'élargir à la mesure de son domaine propre (le domaine pratique) et de lui faire jeter un regard sur l'infini qui est pour elle un abîme »[115]. Abîme pour ce qui est, comme chez Vinyoli, « élargi » (*eixamplar, erweitern*). Or c'est cela même qui au lieu de simplement stupéfier l'esprit l'élève : « L'esprit se sent élevé dans sa propre appréciation si, lors même qu'il contemple ces objets [par exemple la mer déchaînée ou les masses montagneuses informes], il s'abandonne sans considérer leur forme, à l'imagination et à une raison qui se borne à élargir l'imagination à laquelle elle se trouve liée, bien que ce soit sans nulle fin déterminée, il trouve toute la puissance de l'imagination pourtant inadéquate aux Idées de la raison »[116]. Inadéquate du fait que la sensibilité est impuissante à embrasser l'infini. Parce que l'espace interstellaire est infiniment amplifié (n'étant plus éclairé, il s'identifie à la nuit), il déborde toute représentation. Mais si pareil excès provoque un sentiment de terreur, il ne suffit pas à susciter celui du sublime qui implique également un attrait, comme nous l'avons dit, lequel attrait provient de l'Idée d'un inconditionné lequel transcende l'espace, le temps et par eux et en eux tout le champ du conditionné, Idée que l'imagination tente en vain d'exposer et dont l'échec même éveille le sentiment d'fune faculté suprasensible en nous. C'est le jugement sur l'insuffisance de l'imagination (lequel jugement s'accorde

115. *Critique de la faculté de juger,* § 29.
116. *Ibid.*, § 26.

avec les Idées rationnelles) qui alimente la satisfaction propre au sublime.

Mais il y a également un sublime qui, au lieu de s'en tenir au seul contraste insurmontable du fini et de l'infini, repose sur leur impossible conjonction qui pourtant a lieu. En termes théologiques, on distinguera la sublimité de la transcendance divine absolue (comme dans le judaïsme et l'Islam) et la sublimité de l'Incarnation (dans le christianisme). C'est Hegel qui caractérise le judaïsme comme religion de la sublimité où Dieu est déterminé comme unicité et puissance absolue tandis que le particulier, comprenant les choses finies, apparaît sans valeur et par là indigne de le figurer, ce qui explique l'interdit de représentation. On voit par là que la sublimité est dans le rapport de la conscience humaine à un Très-Haut qui prend des initiatives imprévisibles : « Regarder autour de soi n'a rien de sublime, dit Hegel ; il faut lever les yeux au ciel qui est au-delà de ces choses. Cette sublimité caractérise en particulier Dieu par rapport aux choses de la nature »[117]. À la religion de la sublimité s'oppose celle de la beauté, la grecque, dans laquelle les dieux sont par l'homme intelligibles puisqu'ils n'ont rien que l'homme ne sache en lui-même, ce qui permet de lui reconnaître ses droits. Religion de la belle harmonie du fait de l'humanité des dieux soumis à l'empire de la forme[118]. On retrouve la sublimité dans la religion chrétienne, mais fondée sur la juive. Pour que l'Incarnation de la divinité soit sublime et non le fait d'une théâtralisation momentanée et successive (comme dans l'hindouisme), il faut tenir ferme la base : la transcendance absolue doit être préservée, ainsi que dans le poème de Verdaguer. Dire que les mondes ne sont que pous-

117. Hegel, *Leçons sur la philosophie de la religion*, III, tr. J. Gibelin, Paris, Vrin, 1959, p. 62.

118. *Ibid.*, p. 101-102.

sière qui monte et descend aux pieds de Dieu quand il se promène sur les chemins de l'infini, c'est certes l'exhausser par-dessus les dieux intracosmiques, mais c'est aussi suggérer l'auguste liberté de qui peut choisir de s'abaisser, car l'un des chemins de l'infini conduit en ligne brisée à la finitude. Il n'y a pas de sublime si c'est chose commune, aisée, et sans conséquence pour la divinité qu'elle se revête de l'humanité.

Dans le christianisme, le sublime naît de la coïncidence des opposés. C'est un sublime à la deuxième puissance. À la première, le gouffre entre Créateur et créature est maintenu en dépit du pont jeté entre eux. À la deuxième, l'extrême se conjoint à l'extrême de telle manière que inconcevable survienne et décide du cours de l'histoire universelle. Jordi Pere Cerdà proclame : « L'impossible constitue parfois l'explication d'une chose »[119] — sentence qui n'est pas à comprendre comme la justification d'un insuccès dans l'exécution d'un projet. Pour Cerdà, la frontière se trouve abolie entre l'impossibilité et le fait avéré : la chose *est*, ceci est définitif, et ne s'explique pas autrement que par son impossibilité (ceci contre la thèse d'une harmonie préétablie, d'une convenance a priori entre le Créateur et ce qui est créé à son image)[120]. Ce n'est pas à dire non plus que cette chose demeure indemne de contradiction. Elle en est si fortement entachée qu'elle est vouée à l'auto-destruction qui manifeste l'effet du sublime chrétien se comprenant comme sacrifice de soi par amour. C'est du moins l'enseignement qu'une approche spéculative peut tirer d'une instable coïncidence des opposés. Il résulte de mon propos que la religion chrétienne se propose également, à sa façon, comme une religion de la sublimité.

119. *Voies étroites vers les hautes terres,* tr. fr. Le Mans, Éditions Cénomane, 2006, p. 179.

120. Ce que prouve la suite : « Tu dois accepter l'impossible » (*Ibid.*, p. 179).

Mais si l'impossibilité explique le sublime chrétien (ou s'explique avec lui), il prolonge ses tentacules jusqu'au sublime humain. Reconnaissons que celui qui est encerclé par une double infinité, de grandeur et de petitesse est le plus inquiétant des êtres — s'il réunit dans une même nature l'au-delà de la grandeur et l'en-deçà de la petitesse. « En l'homme, dit Schelling, se trouve toute la puissance du principe ténébreux et simultanément toute la force de la lumière. En lui sont l'abîme (*Abgrund*) le plus profond et le ciel le plus élevé » (VII, p. 363). En lui est ce qui l'excède et qui le définit dans deux directions qui font binôme. Ce qu'il y a en nous de souterrain et de surélevé se transforme en épouvante et sorcelage sans contrevenir au devoir d'être. Lui donne résidence l'irrépressible voix de la vérité permettant de mesurer l'abîme céleste d'un regard lucide.

Il n'y a pas, en matière de sublime, que les grandeurs céleste, divine et humaine et pas non plus que le croisement de la transcendance et de l'immanence dans le Christ. On compte aussi diverses modalités de la transcendance dans l'immanence. La loi morale en est une sorte. Ce n'est pas sans raison que Kant a pu s'exclamer : « Deux choses remplissent le cœur d'une admiration et d'une vénération toujours nouvelles et toujours croissantes, à mesure que la réflexion s'y attache : *le ciel étoilé au-dessus de moi et la loi morale en moi* »[121]. Deux choses qui agissent en sens opposé : tandis que le gigantisme infini du ciel étoilé me réduit à néant, la loi morale m'élève par-dessus le monde sensible pour peu qu'elle donne à mon existence un but qui s'étend à l'infini. Il y a donc de l'abyssal dans la personne. La loi morale aussi heurte notre intérêt sensible et c'est contre lui que l'on est poussé à la révérer comme

121 *Critique de la raison pratique*, Ak. V, 162.

ce qui exerce en nous un magistère surnaturel. Par cela seul qu'ils nous jugent, les anges triomphants nous exaltent. Que si, au lieu de nous juger, ils se satisfont de nous observer, ne détiendraient-ils pas le pouvoir, à la faveur de l'oscillation de l'instant, de ressusciter en chacun, comme dirait Proust, « l'homme éternel » (IV, p. 497) — de par son extra-temporalité (IV, p. 450) — ou d'éveiller « cette part de l'Esprit éternel » qui compose l'œuvre du génie (I, p. 547) ?

Pour autant, le sentiment du sublime n'est pas une expérience morale, mais bien une expérience esthétique, mais qui, à l'encontre du sentiment de la beauté, ne prépare pas à *aimer* un objet de manière désintéressée, mais seulement à le *révérer.* Pour cela, il faut évidemment, que l'on en prenne conscience et que l'on y perçoive, sinon le firmament, du moins son propre reflet. Il me semble que Salvador Espriu en dit quelque chose dans les vers suivants :

> « Éloigné en abîmes
> où le visage m'attend,
> j'approche pour me voir.
> Quand l'ombre pénètre
> Le pur cristal, je me sens
> En silence sourire »[122].

122. *Miroir fragile* (in *Les Heures,* tr. A. Bensoussan).

Note éditoriale

Le chapitre I est issu d'une conférence prononcée à l'Université de Strasbourg le 4 avril 2017 au colloque *Proust-Schelling : une affinité élective*. Le texte, paru dans les *Cahiers philosophiques de Strasbourg*, n° 43, est ici considérablement augmenté.

Le chapitre II est inédit.

Le chapitre III est paru dans *Alcinoé*, n° 8.

Le chapitre IV, inédit, reproduit la conférence donnée à l'Institut catholique de Toulouse le 21 avril 2017 au colloque *l'Être et l'Un*.

Le chapitre V reprend un article publié dans les *Cahiers philosophiques de Strasbourg*, n° 43.

L'Appendice est inédit.

Table des matières